Sober

Ueber die Madra
Mohammad c al

Sobernheim, Moritz

Ueber die Madraset el azwag von Mohammad cosman Galal

Inktank publishing, 2018

www.inktank-publishing.com

ISBN/EAN: 9783750130296

Ueber die

Madraset elʾazwāg

von

Moḥammad ʿosmān Galāl.

Inaugural-Dissertation

zur

Erlangung der Doctorwürde

der

hohen philosophischen Fakultät

der

Rheinischen Friedrich-Wilhelms-Universität zu Bonn

vorgelegt

und mit den beigefügten Thesen verteidigt

am 6. August 1896, Vormittags 11 Uhr,

von

Moritz Sobernheim

aus Berlin.

Opponenten:

Dr. jur. et phil. Rosenfeld.
Dr. theol. Triebs.
Reverend Arendzen.

Berlin,

S. Calvary & Co.

1896.

Meiner teuren Mutter

gewidmet.

Einleitung.

Herr Dr. Karl Vollers, Director der viceköniglichen Bibliothek ju Kairo hat uns im 45ten Bande der „Zeitschrift der deutschen Morgenländischen Gesellschaft“ mit einer neuarabischen Bearbeitung des Molièreschen Tartuffe von Moḥammad Bey ↄosmān bekannt gemacht. Dr. V. Arbeit [1]) enthält die Transskription des arabischen Textes, ein Glossar und ausserdem eine Biographie des Dichters, von welcher ein kurzer Auszug hier zur Orientierung genügen dürfte.

Moḥammad Bey wurde im Jahre 1829 in Kafr eṭ-ṭammāↄīn geboren. Sein vollständiger Name ist Moḥammad ibn ↄosmān galāl (eddīn) elwanāī; er selbst zeichnet seine Werke mit der Chiffre معج, weshalb wir ihn im Folgenden einfach Moḥammad ↄosman Galāl (abgekürzt M. O. G.) nennen und von weiteren Bezeichnungen wie Saijid Moḥammad, Moḥammad Bey, elwanāī etc. absehen wollen.

Schon als Knabe lernte er französisch, so dass er, obwohl erst 16 Jahre alt, in das Übersetzungsamt aufgenommen wurde. Dort beschäftigte er sich fleissig mit französischer Litteratur, las einige Schriften von Lesage, La Bruyère, Rousseau, Lafontaine, Boileau und Voltaire.

Im Jahre 1857 gab er eine Übersetzung der Fabeln Lafontaines und 1868 von St. Pierres „Paul et Virginie“ heraus. Von da ab beschäftigte er sich vornehmlich mit Molière und schon 1873 konnte er den Tartuffe [2]) ins arabische übertragen drucken lassen.

---

[1]) Der neuarabische Tartuffe, am oben angegebenen Ort pag. 36—96.

[2]) الشيخ مَتْلوف Cairo 1290.

Im Jahre 1890 veröffentlichte er eine zweite hier und da verbesserte Auflage[1]) desselben nebst der Bearbeitung von drei weiteren Molièreschen Komödien, nämlich der gelehrten Frauen (النساء العالمات), der Schule der Gatten (مدرسة الازواج) und der Schule der Frauen (مدرسة النساء).

„Die Sprache in diesen vier Komödien (s. V. Z.) ist im Allgemeinen die gegenwärtige Umgangssprache; im einzelnen finden sich natürlich manche Ausdrücke und Wendungen, die, wenn im gewöhnlichen Leben gebraucht, unverständlich bleiben oder auffällig erscheinen würden.“ Es ist eben die Sprache derer, die nicht ganz ohne Bildung sind, die wenigstens den Koran gelesen und gelernt haben, so dass die Redeweise häufig vom klassischen Sprachgebrauch beeinflusst ist. Darum halte ich die Sprache in diesen Komödien wenn wohl auch jeder Ungebildete im grossen und ganzen die Verse verstehen wird, für weniger vulgär als die Sprache in Sp. C. Die dem Jargon des niederen Volkes entnommenen Wendungen kommen eigentlich nur in den allerdings häufigen Zankscenen vor.

Zu der Arbeit von Vollers hat Herr Prf. Socin in Leipzig eine Abhandlung, die den Titel „Bemerkungen zum neuarabischen Tartuffe“ führt, in dem 46. Band der Zeitschrift der D. M. G. (1892) (pg. 330—398) veröffentlicht. S. untersucht zunächst, in welchem Metrum die Verse abgefasst sind, da V. bei seiner Transskription das Versmass unberücksichtigt gelassen hatte, verbreitet sich dann über Länge und Kürze der Silben, sowie über die Zusammenziehung derselben und die Aussprache einiger Partikeln und giebt zum Schluss eine Reihe wertvoller Emendationen zu dem Vollersschen Transskriptionstext. S. Untersuchungen sind sehr ausführlich und gründlich und haben mir vielfach bei der vorliegenden Arbeit, einer Transskription und Übersetzung der „Schule der Gatten“ (مدرسة الازواج[2]) als Anleitung gedient.

[1]) الاربع روايات من نخب التياترات Cairo 1309.

[2]) الاربع روايات pg. 147—188.

Seitdem veröffentlichte M. O. G. noch eine Übersetzung der Racineschen Dramen [1]) „Esther““ (أستير) „Iphigenie“ أفغانية und „Alexander der Grosse“ اسكندر الأكبر. Augenblicklich ist er mit der Übersetzung von Boileaus „Lutrin“ und einiger Satiren desselben beschäftigt. S. H. der Chediv interessiert sich lebhaft für die Übersetzungen des M. O. G. und hat im Januar 1895 seiner syrischen Schauspielertruppe das Drama „Esther“ einzustudieren befohlen. Ob es zur Aufführung gekommen ist, ist mir nicht bekaunt.

Bei einem ersten Aufenthalt in Kairo im Winter 1893/94 lernte ich Vollers' neuarabischen Tartuffe kennen und fasste auf Anregung des Dr. V. den Plan eine zweite Komödie zu transskribieren und zu übersetzen. Nachdem ich mich durch das Studium der Socinschen Abhandlung und durch die Lektüre der G. F. [2]) bei H. Dr. Moritz im orientalischen Seminar hinreichend vorbereitet glaubte, unternahm ich während eines zweiten Kairenser Aufenthaltes im Winter 1894/95 die Ausarbeitung der Transskription und Übersetzung des genannten Stückes, die ich hiermit der hohen philosophischen Fakultät und den Fachgenossen vorlege.

In der Übersetzung ist M. O. G. dem Molièreschen Lustspiel im allgemeinen gefolgt, da der Stoff sich im grossen und ganzen für orientalische Verhältnisse eignete. Sehr geschickt wandelte der Dichter die Satire auf den französischen Stutzer in eine Verspottung der europäischen Tracht, an die sich Amīn, ein jeder Neuerung feindlicher Araber, nicht gewöhnen mag. (Vs. 12—19.) Ferner lässt der Dichter, während Molières Léonor über die fade Galanterie der jungen Herren klagt, Budūr sich über die mürrischen, langweiligen Damen bei einer Hochzeit beschweren. (Vs. 471, 472.) Wesentliche Veränderungen jedoch finden sich nicht vor.

Dem Dichter M. O. G., der mir in vielen Fragen auf

[1]) الروايات المفيدة فى علم التراجيدة Cairo 1311.

[2]) الاربع روايات pg. 79—145.

das Liebenswürdigste Bescheid gab, Herrn Dr. Vollers, sowie dem ehemaligen Lektor des Berliner orient. Seminars Hassan efendī Taufīḳ und Herrn George Kahil, die mich in lexikalischer Hinsicht mit Rat unterstützten, sage ich meinen verbindlichsten Dank.

An Wörterbüchern benutzte ich Wahrmund, Belot (1893) Dozy, Lane und Freytag. Die Wörter, die ich in diesen Lexicis[1]) nicht gefunden habe oder deren hier passende Bedeutung nicht angegeben war, habe ich am Schlusse der Arbeit in alphabetischer Reihenfolge verzeichnet. In unserer Komödie habe ich die ganzen Verse gezählt, während die von S. genannten Zahlen sich auf die Halbverse beziehen.

Meine Transskription folgt im wesentlichen den Principien der Herren Sp., V. u. S. Nur habe ich den a Laut vielfach auch dort gesetzt, wo Sp. und V. mit ä oder e transskribierten; denn gerade von gebildeteren Leuten hört man viel häufiger mit a aussprechen, als dies in den bisherigen Transskriptionen berücksichtigt worden ist, z. B. kamān auch u. bass nur. In der Umschreibung der Konsonanten bin ich am meisten V. gefolgt, doch habe ich hamza u. cain auf die Zeile in gleicher Höhe mit den anderen Konsonanten gesetzt.

Transscription.

ا = ´ als Dehnungsalef; = ɔ als Hamza in der Mitte eines Wortes, am Anfang aber ausgelassen: z. B. مَأْذُون maɔzūn, أن an; manchmal schreibt der Dichter noch أ wo bereits der Uebergang in Dehnungsalef stattgefunden hat z. B. in تأخذ = tāḫud; auch wo, wie bei muttaman, in der Aus-

[1]) Die nur in Dozy vorgefundenen Wörter habe ich teilweise im Verzeichniss angeführt.

sprache Assimilation eingetreten ist, giebt er der etymologischen Schreibung مُؤْتمن den Vorzug.

ب = b; ت = t; ث = s oder t.
ج = g; ح = ḥ; خ = ḫ.
د = d; ذ = d oder z.
ر = r; ز = z.
س = s; ش = š.
ص = ṣ; ض = ḍ; ط = ṭ; ظ = ẓ oder ḍ.
ع = c; بعد = bacd; عُمْر = cumr; تَعب = ticib.
غ = ġ; ف = f.
ق = 8; مدقق = meda8 8a8.
ك = k; ل = l; م = m; ن = n.
ه = h; in der Femininendung und als blosses Pausazeichen jedoch unberücksichtigt gelassen; ة = t.

و als Dehnungswāw mit vorgehendem ḍomma = ū, z. B. نُور = nūr; im Diphthong mit vorgehendem fatḥa au oder ō, wie لَوْ = lau, مَوْت = mōt; als starker Konsonant = w.

ى als Dehnungsjā mit vorhergehendem kesra = ī, z. B. صَحِيح = ṣaḥiḥ; im Diphtong mit vorhergehendem fatḥa = ai oder ē, أَيْوَا = aiwa, لَيْل = lēl; in der Verdopplung mit vorhergehendem kesra = ij, هِيَّا = hijā; mit vorhergehendem fatḥa = ajj oder aij, wie طَيِّب = ṭajjib, حَيّ = ḥaijê, als starker Konsonent = j.

Von kurzen Vokalen habe ich
fatḥa mit a oder e,
kesra mit i oder e,
ḍomma mit u oder o wiedergegeben.

Doch wird das kesra häufig als zwischen i und e liegend gesprochen; in diesem Falle ist es als î bezeichnet. Hülfsvokale, von denen später die Rede sein wird, sind ī und ē, manchmal auf ā und ū.

Versmass.

Wie schon erwähnt, hatte V. in seiner Transskription des Versmass unberücksichtigt gelassen und dadurch den ersten Anstoss zu der Abhandlung Socins gegeben. Letzterer kommt zu dem Resultat, dass der Dichter auch in metrischer Hinsicht das französische Original nachgeahmt und den Alexandriner verwandt habe.

Der französische Al. ist ein zwölfsilbiger Vers, in dem nach der 6. Silbe eine rhythmische Pause statt hat, die, wenn sie auch grundverschieden von der antiken Cäsur ist, von den Franzosen doch césure genannt wird. Durch das dumpfe, in der gewöhnlichen Konversation in gewissen Fällen wenig gehörte e am Ende eines den Vers schliessenden Wortes hat er nicht selten 13 Silben. Die Hauptmerkmale des franz. Al. sind demnach die rhythmische Pause und die Silbenzahl, während die Franzosen die Quantität der Silben nicht berücksichtigt haben. Die Pause muss immer nach einem Wortende stehen. Bei M. O. G. finden wir aber keineswegs immer an diesen Stellen eine Pause, schon die beiden Hälften des ersten Verses in unserer Komödie zeigen dies:

jikfā kalām fī kul|lē sāꜥa, jā gadaꜥ
kutr-il kalām maꜥ an| nizāꜥ mā luh nafaꜥ

Weder hinter dem ersten l von kullē, noch hinter dem ersten n von annizāꜥ kann eine Cäsur im Sinne der franz. stehen. Im ersten Vers könnte es die von S. erwähnte Cäsur nach der siebenten Silbe sein (s. S. Z. pg. 339), doch würde das hier kaum angehen, da kullē mit sāꜥa eng zu verbinden ist, im zweiten Falle wäre es die von S. erwähnte Doppelcäsur nach der 4. und 8. Silbe. Da S. selbst anerkennt, dass der Dichter nicht immer die Cäsur nach der

6. Silbe setzt, dieselbe vielmehr beliebig nach der 4., 5., 6., 7., 8. Silbe (als Doppelcäsur sogar nach der 9.) eintreten kann, so ist es hier nicht nötig, dies durch weitere Beispiele, die der Leser selbst sehr leicht finden wird, zu beweisen. Das zweite Merkmal des franz. Al. war seine Zwölfsilbigkeit. In der That sind die vorliegenden Verse mit wenigen Ausnahmen zwölfsilbig oder können doch mit Einschiebung der in der Vulgärsprache so häufigen Hilfsvocale so gelesen werden. Als Ausnahmen erwähnt S. (pg. 341) Vs. 1531 im T. und 996 in der S. d. F.

1531) min ḥaijĕ ɜālū kalām w-an-akaddibuh

996) gēt lak wi ruḥt asɔal ɕalēk jigi marratēn.

Aus unserer Komödie entnehme ich noch folgende Vershälften 22b; 45b; 48b: 176a; 196b; 309b; 381a; 415a; 424b; 454b.

22b) lā-tkūnĕ wāṣil ɜablĕhum wa la baɕdĕhum

45b) lā bi-ššimāl tiɔmin lahum wa lā biljamīn

48b) aho kullĕ wāḥid jiɕmil-illī jiɕgibuh

176a) mīn da-lli ɜāl lak? fēnĕ hū? w-an-akaddibuh

196b) wa lā naẓīrhā baɕdĕhā wa lā ɜablĕhā

309b) dana ɜablĕdā kunt aḥsibak gadaɕ amīr

381a) ana lissa baḥrug illa wi-ntā gēt ɜawām

415a) aho gambĭna-lmaɔzūnĕ nibɕat nigbiduh

424b) la-ntā abūhā, jā aḥī, wa la ɕammĕhā

454b) ana zaijĕ mā ɜāl elmeɕāwin dā riḍīt.

In den Versen 22, 45, 196, 424 könnte der zwölffüssige Vers durch Auslassung von wa an den Enden, in 309 allenfalls durch Auslassung des ana wiederhergestellt werden, denn etwa wlā zu lesen ist nicht angängig, da es niemand verstehen würde, ebenso wenig als wenn man in Vs. 381 allissa für ana lissa oder Vs. 454 azzaijĕ für ana zaijĕ läse. Es wäre eher Vs. 48 und 415 möglich hō statt aho auszusprechen. Ausser diesen zu langen Versen erwähnt S. auch elfsilbige; zunächst Vs. 8 des T.

min taḥt amrik kullŭhum samīɕ muṭīɕ.

Dieser Vers ist leicht zu verbessern, man braucht nur taḫtē (mit Hilfsvokal) zu lesen, um den Al. zu vervollständigen. Hingegen sind bei V. (s. V. Z. pg. 42, 43) die Verse 31, 32; 59; 65; 66 elfsilbig; die Verse 43—46; 60 zehnsilbig; Vs. 42 neunsilbig (doch lassen diese zehnsilbigen und der 9silbige sich leicht zu 11silbigen umwandeln), ohne dass eine Vervollständigung zu 12 Silben möglich wäre. Solche Verse kommen nur im T. vor. Da demnach der Dichter die unbedingt erforderliche Cäsur nach der 6. Silbe nicht eingehalten hat und eine Reihe seiner Verse teils zu lang (denn seine dreizehnte Silbe ist nicht ein dumpfes e am Ende des Verses), teils zu kurz sind, hat er sich des einfachen, französischen Al. nicht bedient. S. meint nun, er habe den Al. für seine Zwecke modificiert. Das ist sehr wohl möglich. Als durch Opitz der Al. zuerst in der deutschen Dichtung verwandt wurde, musste er sich auch eine Veränderung gefallen lassen. Statt einfach die Silben zu zählen, mass Opitz dieselben nach Länge und Kürze, da dies ihm der deutschen Sprache angemessener erschien und legte dem Al. das jambische Mass zu Grunde, sowie er auch wieder die antike Cäsur einführte. In unserem Jahrhundert haben sogar Rückert, Geibel und Freiligrath der Cäsur verschiedene Plätze gegeben, die Doppelcäsur eingeführt und hie und da auch Spondäen, wie Anapäste verwandt. So könnte wohl M.O.G. die Cäsur nach 5—7 Arten gebraucht haben, wie S. annimmt. In zweiter Hinsicht ist zu untersuchen, ob der Dichter Länge und Kürze unterscheidet. S. hat diese Frage mit Recht bejaht. Wir sehen an der von M.O.G. angewandten Schreibung, dass er an gewissen Stellen eine Silbe kurz, eine Silbe lang setzen will. Es ist dies vor allem bei dem Pronomen zu bemerken, bald finden wir entā انتا, bald enta انت geschrieben oder in dem Worte für ja, welches bald أَيْوَا aiwā, bald أَيْوَ aiwa geschrieben ist. Lang sind stets alle Silben, die aus Konsonant + Vocal + Konsonant bestehen, sei es durch natürliche Silbenteilung, sei es durch Zusammenziehung, z. B. in jikfa ist jik, in mōda-mtisil dam lang. Von Natur lange Silben können in einsilbigen Wörtern und an unbetonter Stelle sowohl in der Aussprache als in der Versmessung auch als kurz betrachtet werden: z. B. د u. دا, فِي u. لِي = fī u. fi, lī u. li, مجنيب Vs. 45 statt مجانيب; جِران Vs. 380 statt جِيران; كلون Vs. 395 statt كَالُون; in Zusammenziehungen verschwinden die langen Vocale in der Aussprache mit Ausnahme des ·ā, welches vor t u. j, u. des ī, welches vor j häufig lang bleibt: Vs. 29 mā-tšūfnī; Vs. 25 mā-jsūlū; Vs. 108 ellī-jkūn. Die alte Femininendung at wird, wenn sie nicht in der Genitivverbindung steht, wie e oder a ausgesprochen; der Dichter braucht sie als lang, ebenso Worte wie de, kide, wenn sie mit dem pausalen ة geschrieben sind; doch ist es erlaubt, sie mit dem folgenden Worte zusammenzuziehen; dasselbe gilt für das Suffix هُ, welches u gesprochen, mit uh transskribirt wird u. als lang gilt; selbst bei Zusammenziehung habe ich das h des leichten Erkennens wegen beibehalten. — Bei Prüfung der Verse finden wir, dass nach der Absicht des Dichters der zweite, vierte und sechste Fuss immer jambisch sind:

a 1) } jikfā kalām fī kullĕ sāɛa, jā gadaɛ,
b } kutr-ilkalām maɛ annizāɛ mā luh nafaɛ.
a 12) } biddak awā fiskum wi lilmōda-mtisil
b } wī kullĕ sāɛa billawanda aġtisil.

Die anderen sind spondäisch, oder wie in Vs. 12 b wī kul ebenfalls jambisch. Die deutschen Dichter, obwohl sie solche Freiheiten erlaubten, hielten an zwei Gesetzen fest. Kein Al. hat weniger wie 12 Silben und der dritte und der sechste Fuss müssen Jamben sein, da die Dichter dies für Erhaltung des Rhythmus für nötig erachteten, Beide Gesetze sind hier nicht gehalten. Die oben pg. VI aus dem T. angeführten Verse enthalten weniger als 12 Silben, der dritte Fuss ist in den obigen zwei Versen stets spondäisch. Hierzu kommt noch, dass wir Verse finden, in denen der Jambus stellenweise durch den Pyrrhichius ⏑ ⏑ oder Trochäus – ⏑

vertreten ist. Es sind dies in der S.d.G. die Verse 45a, 100b, 119b, 158b.

45a) kull-iššabāb, ellī kide, dōl maganīn.

100b) wi ṣabaḥet zaijī-nnisā fī ꜥiṣmetak

119b) jiḥkum ġanīme wī ꜥalēk minni-ssalām

158b) wi-ꜥriftē bētuh wī kaꜣinnī kuntē fī

u. aus dem T. Vs. 67, 497, 766. 1263, 1525.

67) wallāh abūjā abadan mā jimkinuh

497) baꜣā ꜥalā dā nafḍē ḥukm- ilꜣabahāt.

766) dōl aġlab-il ꜥuššāꜣē kullak magænīn

1063) wi-truk ꜣanūn elꜣabē jōm wi ṭāꜥatuh

1525) hī ḥaṣalet lilꜥišꜣē wi-ššahwa kamān.

u. aus den G.F. Vs. 1021:

1021) eš luh sabab tafḍīlē amr-ilꜣabahāt.

Diese drei Abweichungen von den Gesetzen des Alexandriners zeigen, dass, wenn wirklich M.O.G. den Al. anwenden wollte, ihm dies durchaus nicht gelungen ist. Es ist ja schwer festzustellen, ob man diesen so modificierten Vers überhaupt noch als Alexandriner betrachten könnte.

Als ich im Sommer 1894 den Anfang der „Gelehrten Frauen" las, hatte ich solche Mühe, die Verse nach dem alexand. Mass zu skandieren, dass ich die Richtigkeit der S.'schen Meinung anzuzweifeln begann. Ich versuchte es dann mit dem Ragez,[1]) in welches sich mehrere der vorhin angeführten Abweichungen vom Al. vorzüglich einzufügen schienen. Das Grundmetrum des Ragez besteht aus dem aus dem Fusse mustafꜥilun (– – ◡ –), sechsmal wiederholt, so dass jeder Halbvers aus drei mustafꜥilun besteht. Weist doch der von S. (pg. 339) angeführte Vers im T. mit der sogenannten Doppelcaesur deutlich auf das Ragez hin:

---

[1]) Auch H. Prof. Hartmann in Berlin war der Ansicht, dass in den Komödien das Ragez das vom Dichter angewandte Versmass sei und hat diese Vermutung in No. 32 der deutsch. Litteraturzeitung, Spalte 999, ausgesprochen.

jallāh binā	nirūḥ ʿawām	jā Kaʿbê Ḫēr
— — ◡ —	◡ — ◡ —	— — ◡ — .

Sobald ich im November desselben Jahres in Kairo angekommen war, beeilte ich mich, den Dichter zu besuchen, um ihn über meine Vermutung zu befragen. M. O. G. sagte sogleich, dass er sich des Ragez bedient habe, nur habe er ausser den gestatteten Veränderungen manchmal mustafʿilun (— — ◡ —) durch mutafāʿilun (◡◡ — ◡ —) ersetzt, um dem Metrum mehr Lebendigkeit zu geben. So wandte er beim Lesen das mutafāʿilun viel häufiger an, als es hier in den Transskription geschehen ist, da für uns vor allem die Feststellung des regelmässigen Metrums von Wert war. Da im letzten Fuss mafʿūlun (— — —) oder faʿūlun (◡ — —) an Stelle von mustafʿilun (— — ◡ —) treten kann, so lässt sich nunmehr gegen die erwähnten elfsilbigen Verse, welche alle am Ende zwei lange Silben haben, nichts einwenden. Ebenso können statt mustafʿilun auch die bekannten Veränderungen mufāʿilun (◡ — ◡ —) muftaʿilun (— ◡◡ —) und faʿalatun (◡◡◡ —) eintreten, so dass an den vorher beanstandeten Versen der S. d. G. 56a, 100b, 119b, 158b und des T. 67, 487; 766, 1063, 1525, sowie der G. F. Vs. 1021 nichts mehr auszusetzen ist.

Nachdem wir so festgestellt haben, dass sich der Dichter des Ragez bedient hat, haben wir zu untersuchen, in wie weit er zur Durchführung seines Metrums Veränderungen in Schrift und Aussprache vorgenommen hat. Es sei hier von vornherein gesagt, dass der Dichter noch nicht in principieller durchgreifender Weise seine Idee ausgeführt, sondern dass er nur den Weg zu gewissen Reformen gewiesen hat. Er versucht nämlich stellenweise die vulgäre Aussprache mit der Schreibung in Einklang zu bringen und schreibt, wie wir oben sahen, manchmal gekürzte Silben wirklich kurz. Zunächst müssen wir den Reim untersuchen. Die Reime in der S. d. G. sind, wie bereits S. constatiert hat, sämtlich männlich, d. h. die letzte Silbe beider Vershälften muss, abgeschen von ihrem ersten Buchstaben die gleichen Bestandtheile haben, doch kann auch der erste Buchstabe in beiden Endsilben der gleiche sein. Im siebenten Vers beispielsweise reimen melīḥ und aṣṣaḥīḥ, im zweiten iḫtaṣṣê bak und jaєgibak. Das Pronomen suffixum der 1. Person pluralis نا nā wird im vulgären Arabisch oft na oder ne gesprochen, weshalb es der Dichter häufig mit dem pausalen ة schreibt, es kann sich dann mit der Femininendung reimen, z. B. in unserer Komödie: vs. 393, den S. (pg. 353 i. S. Z.) mit 809, 810 beziffert:

wallāhî ja-ḫtî innê ḥālik ġammîne
lākin єamāᴐil zaijê dî muš mumkine.

Natürlich handelt es sich hier nicht um die 1. Person singularis, sondern um die erste pluralis, so dass S.'s Conjectur nicht notwendig ist. So kommt بَقَه neben بَقَا, für شَى še Vs. 443 شِى šī vor, während Vs. 318 عكننه mit جرّ ستنا und Vs. 376 هنا und معَكننة (vielleicht nur Inkonsequenzen seitens des Dichters) reimen soll. —

Über Kürzung der Verbalformen, Einsetzung von Hilfsvokalen hat S. ausführlich gehandelt (Seite 344 und folgende), so dass wir hierfür kaum etwas Neues hinzufügen können. In den Elisionen erhält sich, wie S. bemerkt, meist der erste Vokal; ist das zweite Wort die 1. Person singularis des Imperfectums, so wird der vorhergehende Vokal elidiert und das a bleibt stehen. Das einzelne wird der Leser in der Transskription sehen. Alle diese Veränderungen können aber nur soweit gehen, als sie das Verstehen nicht hindern. Wie wir schon oben (pg. VI) sagten, sind Kürzungen aus ولا in wlā, انا لسّا in allissā oder انازَى in azzaijê unmöglich, weil niemand wüsste, was damit gemeint ist. Solche Fragen kann nur der Dichter selbst oder einer seiner Landsleute entscheiden. So bleibt den Arabern die contrahierte Form des participii feminini von den Verbis mediae ى und و, wie sie S. (pg. 346 unten) erwähnt und wie sie in unserer Arbeit häufig vorkommt, z. B. šäifa etc. verständlich, ebenso erkennt er in der contrahierten Form, Vs. 254[a]: acmil murūa-u ḫuṣṣêha des و copulativum.

Der 2., 4. und 6. Fuss des Ragez muss immer jambisch sein. Die von Natur langen Silben in einsilbigen Wörtern und an unbetonter Stelle kann der Dichter als lang oder kurz gebrauchen, sogar das نا in انا entgegen dem Usus der klassischen Metrik. Positionslange Silben kann er vor vokalisch anlautenden Worten verkürzen, indem er unter Aufgabe des Stimmeinsatzes den letzten Konsonanten zum nächsten Worte hinüberzieht: z. B. Vs. 41[a].

rāḫ āḫud-uḫtī: ḫud wäre lang und wird dadurch, dass der Dichter ḫu duḫ lesen lässt, kurz.

Eine scheinbare Ausnahme zu unseren Regeln findet sich im Vs. 148:

fī kullê jōm ¦ anā camilhā šuġletī.

Die erste Silbe in عامل ist gekürzt; doch ist der Ton durch Antritt des enklitischen hā auf die Silbe m i l gerückt, dadurch ist cā zu einer unbetonten Silbe geworden und kann nun der Regel nach gekürzt werden. — Der umgekehrte Fall, dass im jambischen Fusse eine kurze Silbe steht, wo die lange stehen sollte, kommt in unserer Komödie nicht vor. Im T. allerdings, der überhaupt metrisch nicht so gelungen ist, wie die anderen Komödien, findet sich eine solche Stelle: V. 639.

bukra jiġīblak ṣirdê gicāšī caris; جعاشي ist kurz.

Es bleibt uns noch übrig, die Aussprache einiger Wörter zu besprechen. و copulatioum wird vor allem vor w und auch sonst manchmal wie u ausgesprochen. Vor den Zischlauten, den 4 liquidis, den emphatischen Consonanten und vor j wird ein kurzes i (wi) gehört, ebenso in allen Zusammenziehungen wi-tkūn; hingegen vor den übrigen Konsonanten und vor vokalischen Anfängen schwankt der Vokal zwischen i und e (wĭ). Vor lā, lau, illā hört man stets wa; wa lā, wa lau, wa illa oder wa-llā. Das Pronomen der 3. Person ist hū und hī, auch hūwā, hūwa und hījā, hīja finden sich im Text. Der Artikel ist im allgemeinen el, in der Zusammenziehung durch Einfluss des vorhergehenden Konsonanten il, hinter ع al. So übt auch ع als 3. Radikal einen Einfluss auf das hinzutretende Suffix ُه, indem es nicht عuh, sondern عoh gelesen wird. Z. B. Vs. 4: asmaعoh — matbaعoh.

Die Sprache ist, wenn auch viele vulgäre Redensarten vorkommen, poetisch und höher stehend als die Umgangssprache. Socins Ansicht, dass sie noch etwas vulgärer sei, als die in Sp. C., kann ich, wie schon pg. 2 bemerkt, nicht beipflichten. Der Dichter hat sich um das Neu-arabische durch seine Übersetzung ein grosses Verdienst erworben, möge die Anerkennung, die man ihm in Europa zollt, dazu beitragen, ihm bei seinen Landsleuten den Ruhm und die Verehrung zu sichern, die er verdient.

Abkürzungen.

V. = Dr. Vollers.

V.Z. = Dr. Vollers Abhandlung „Der Neu-Arabische Tartuffe“ im 45. Bande der Zeitschrift (1891) der Deutschen Morg. Gesellschaft.

S. = Prf. Socin.

SZ. = Prf. Socins „Bemerkungen über den Neu-Arabischen Tartuffe“ im 46. Bande der Zeitschrift (1892) der Deutschen Morg. Gesellschaft.

D. = Dozys Supplément aux Dictionnaires Arabes.

D.Bc. = Dozy nach Bocthor.

V.L. = Dr. Vollers Lehrbuch der aeg.-arab. Umgangssprache.

Sp.C. = Spitta Contes, Sp. = Dr. Spitta.

F. = Freytags Lexicon.

W. = Wahrmunds Arabisch-Deutsches Handwörterbuch.

M.O.G. = Moḥammad Bey cosmān Galāl.

Al. = Alexandriner.

franz. = französisch.

T. = Tartuffe.

S.d.G. = Schule der Gatten.

S.d.F. Schule der Frauen.

G.F. = Die gelehrten Frauen.

L. = das am Ende befindliche Wörterverzeichnis.

V.Z.L. = Lexicon der Vollerschen Abhandlung.

Sp.G. = Spittas Grammatik; Sr. = an arabic-english vocabulary by Socrates Spiro (Cairo, London 1895).

Anm. 1. Worte, die mit einem Sternchen versehen sind, befinden sich im Wörterverzeichnis.

Anm. 2. Das Spirosche Lexicon ist erst nach Fertigstellung der Arbeit erschienen und daher in der Einleitung noch nicht erwähnt.

Druckfehler des arabischen Textes.

Vs. 24a دلاب statt دلاب.

„ 27a تنتف „ تنتفع.

„ 34b شبيه „ شيبه.

„ 40b بنت „ ينت.

„ 51b زيك „ زبك.

„ 55a كخيا „ كيخا.

„ 60a ولا قُتْلَنَا statt وقُلنا.

„ 64a أِرْبها „ رَبّها.

„ 64b مادْمُت „ مادامت.

„ 67b ازاى يبقا statt ازاى ويبقا.

„ 71b ربيت قلبها statt ربيت قلها.

„ 126b هوّا انا statt اهوّنا.

„ 148b الابيض „ البيض.

„ 157b نَخْرُج „ تَخْرُج.

„ 197 تظّربن „ تطّربن.

„ 223a خطوتين statt خطوتيس.

Erste Linie des Briefes S. 166 يبان statt يمان.

Vs. 296a تآمن statt تا¯من.

„ 325a ما „ تمّا.

„ 367b انربط „ اتربط.

„ 386a ملباب „ ملبان.

„ 387b هوا انا „ هوانا.

Vs. 389b لخويا statt لخو ها.

„ 392a اوريه „ اوربه.

„ 395a الباب „ الباب.

„ 399a راحت „ رحت.

„ 402a انتى „ اتنى.

„ 420a بيخبط „ بيخبط

„ 422a تحكىلى على statt تحكى على

„ 423b قلبها statt قليها.

„ 426b ينفعهم „ ينفهعم.

„ 427b التضييق statt التضيق.

„ 430a الاكتساب „ الاكنساب.

„ 437a بعدين „ بعديں.

„ 437b انا statt اما.

„ 443a تشوف statt تشوق.

Am Ende der Seite 183 امين wegzustreichen.

Vs. 460a عطتلى قولها statt عطت قولها.

„ 477a شانك statt شاتك; b قلبك statt قليك

„ 478b ليه „ لبه.

„ 484b ناس „ من.

„ 485b بعدين statt بعديں.

„ 489a رأيت „ رأيت.

„ 494a تسنا هل „ نستا هل.

2

Madraset elʾazwāg.
Die Schule der Gatten.

wi hije talāte ʿiṭaʿ. In drei Akten.

Motto.

Wenn Flatterhaftigkeit der Frau eigen ist,
Und Keuschheit ihr nicht angeboren ist,
So nützt es nicht, sie einzuschliessen und zurückzuhalten,
Weil sie zu jeder Thür den Ausgang findet.

إِنْ تَكُنِ الْمَرْأَةُ ذَاتَ خِفَّهْ
وَلَمْ تَكُنْ أَصِيلَةً فِى الْعِفَّهْ
فَحَبْسُهَا وَحَجْرُهَا لَا يَنْفَعْ
لِأَنَّهَا مِنْ كُلِّ بَابٍ تَطْلَعْ

Rigāl ettašḫīs. Personen der Vorstellung.

Abkürzungen.

Am.	Amīn	Zwei Brüder.
Ad.	Adhem	
Z.	Ẓarīfa	Zwei Schwestern.
B.	Budūr	
H.	Ḥusne, Budūrs Dienerin.	
N.	Noṣēr, Ẓarīfas Liebhaber.	
I.	Ibrāhīm, Diener Noṣērs.	

mw. e. O. wāḫid meʿāwin,[2]) ein Polizeioffizier.
mz. e. St. wāḫid maʾzūn,[1]) ein Standesbeamter.

---

[1]) *مَأْذُون ist der Beamte, der mit Trauung und Scheidung beauftragt ist.

[2]) s. W.

Anm. Das Stück spielt in Kairo. (Diese Bemerkung fehlt im arabischen Text, doch ist es aus in der Komödie enthaltenen Bemerkungen ersichtlich.)

El:iṭca el:ūlā.

Elmanẓar el:auwal.

Am. wi Ad.

Am.

1. jikfā kalām fi kullê sāca, jā gadac,
kutr-ilkalām mac annizāc mā luh nafac.
2. acīš calā kēfī wa la *aḫtaṣṣê bak
wi-ntā kamānī cīšī zai mā jicgibak.
3. wa la tikūn fi-lcumrê akbar, bardêna,
litnēn bicōnī-llāhi nicraf bacdêna.
4. w-aktar kalāmak bōš, anā mā asmacoh
wi-rrājê, lau tacṭīhī ṣā:ib, ma-tbacoh.

5. waffar calā rūḥak kalāmak bacdê de.
anā ketīr mirtāḥ min-ilcīša kide.

Ad.

6. ennās ketīr caddi-lmacīša-*jnabbaṭum.

Am.

bass elmagānīn, elli zaijak, jisḫaṭum.

Ad.

7. waṣal *gamīlak wi-ssafah mā hū melīḥ.
anā kafart. ellī ba:ūl lak caṣṣaḥīḥ?

Am.

8. hēs innâhā wuṣlet macak lilḥaddê de.
wi-*ġlibtê tiḥkī lī w-ana sākit kide.

9. :ul lī ba:ā callī simictuh w-ūṣifuh
caššān anā lāḫar *amūzuh w-acrafuh.

Ad.

10. ahō gumūd eṭṭabci. elli fik. ẓahar
mac elḥamā:a wi-*nnufur-illi-štahar.

11. ḫallēt gamic ennāsī tiḍrab bak masal.
ḥatta-lhudum, elli calēk, ṭilcit šaḍal.

Der erste Akt.

Die erste Scene.

Am. und Ad.

Am.

Genug der Rede zu jeder Stund, mein Lieber,
Das viele Reden mit dem Streiten ist ohne Nutzen;
Ich lebe nach meiner Laune und kümmere mich nicht um Dich,
Auch Du lebe, so wie es Dir gefällt.
Und wenn Du auch an Jahren älter bist,
So kennen wir uns beide doch mit Gottes Hilfe;
Die meisten Deiner Worte sind unsinnig, ich hör'ihnen nicht zu,
Und wenn Du selbst 'ne Ansicht richtig gäbest, so folge ich ihr nicht.
Spare demnach Deine Reden für Dich selbst auf,
Ich bin mit dem Leben so sehr zufrieden.

Ad.

Die Leute critisieren diese Lebensweise sehr.

Am.

Blos die Verrückten so wie Du, sind unwillig darüber.

Ad.

Meinen besten Dank, die Frechheit ist nicht gut.
Bin ich darum schlecht, weil ich Dir die Wahrheit sage?

Am.

Weil's nun so weit mit Dir gekommen ist,
Und Du Dich vergebens ermüdet hast mit mir zu sprechen, während ich schwieg,
Sag' mir nun, was Du gehört hast und beschreibe es,
Damit auch ich es beurteile und weiss.

Ad.

Da scheint die Härte Deines Charakters vor,
Mit der Dummheit und Misanthropie verbunden, welche bei Dir bekannt ist.
Du hast bewirkt, dass alle Menschen Dich sprichwörtlich nennen,
Sogar die Kleider, die Du trägst, sind nicht mehr zu ertragen.

Am.

12. biddak awāfi:kum wi *lilmōḍa-mtisil
wĭ kullĕ sāɛa *billawanḍa aġtisil
13. w-albis *:amīṣ mākwī wĭ *ḥittet *banṭalūn
wĭ kullĕ sāɛa aštirī min Kartalūn
14. w-a:allid-aṣḥābak *bissitra w-*anzini:
wi-rbāṭĭ li-rra:ba wi zaijak anḫini:
15. *w-a:anɛar-iṭṭarbūš w-aġaṭṭī gibhĕtī
*w-asabsib-iššūša w-abajjin :uṣṣeti
16. w-*ašukkĕ lī *ustēk wa lau innuh *šukuk
w-ašrab sigāra min wara: w-armi-ššubuk
17. w-abaṭṭal-ilmerkūb wĭ albis *lastika
w-a:ɛud ɛala-l:ahwa wĭ ašrab mistika
18. w-astaɛmil-*ilbudra wĭ aḥla: liḥjetī
wĭ fī sirīr anɛas w-abaṭṭal faršetī.
19. in kān bidōlī aɛgibak, dā šē ḫafīf,
*ījāka ab:ā zaijĕkum wāḥid laṭīf.

Ad.

20. el:aṣdĕ tib:ā zaijĕ ġērak fi-lbalad,
min ḫōfĭ lā jiu:ud ɛalēk minhum aḥad.
21. wi-twāfi:-ilɛālam ɛalā mā hun ɛalēh,
aiwa-lmeḫālfa wi-lmefār:a bassĕ lēh?
22. in baddilu-lmōḍa, tibaddil zaijĕhum,
la-tkūnĕ wāṣil :ablĕhum wa[1]) la baɛdĕhum
23. wa la tida::a: zaijĕ baɛd-innās ketīr
wi-bdālī libs-il:uṭnĭ tilbis lak ḥarīr
24. wi-tḥuṭṭĭ lak *kaffa wĭ gabra fi-ddulāb,
muš kullĕ de maɛdūdĕ min rājĭ-ṣṣawab!
25. bass intĕ zaijī-nnāsĕ iɛmil, ḥēsâ kan.
biddak tiḫālif, laglĭ ma-j:ūlu felan.

Am.

26. wi-smak kibīr ɛammī wĭ tiḥkī di-lḥadīt!
eššēb ɛala rāsak u lissā wā dirīt!

[1]) Dieses wa könnte auch ausgelassen werden, ohne den Sinn zu verändern; auf diese Weise würde die Unregelmäßigkeit des Verses vermieden.

Am.

Du willst, dass ich mich Euch anpasse und der Mode folge
Und jeder Zeit mich mit Lawendel wasche,
Dass ich ein gestärktes[1]) Hemd und ein paar Hosen trage
Und jeder Zeit von Kartalūn[2]) kaufe,
Und Deine Freunde mit dem Rock nachahme, und mich einenge,
Und mit der Halsbinde, und mich gleich Dir würge,
Den Tarbusch tiefer setze und die Stirn bedecke,
Den Haarbusch offen trage[3]) und das Stirnhaar zeige,
Eine Uhrkette mir anstecke, wenn sie auch auf Kredit ist,
Papiercigaretten rauche und den Schibuk fortwerfe,
Die Schuhe abschaffe und Zugstiefel trage,
Im Café sitze und Mastik trinke,
Dass ich Puder anwende und den Bart rasiere,
In einem Bette schlafe und meine Strohmatte aufgebe.
Wenn ich Dir hiermit gefalle, das ist 'ne leichte Sache,
Damit ich so wie Ihr ein Elegant bin.

Ad.

Die Absicht ist, Du sollst wie andere in der Stadt sein,
Aus Furcht, es könnte einer von ihnen Kritik an Dir üben.
Du sollst mit der Welt in ihrem Thun und Lassen übereinstimmen.
Ja, wozu denn der Widerspruch und die Absonderung?
Wenn sie die Mode ändern, änderst Du sie wie sie.
Sei nicht ganz vor ihnen — auch nicht hinter ihnen.
Und grüble[4]) nicht zu sehr wie andere Menschen,
So dass Du statt Baumwollkleider seidene anziehst
Und in den Schrank 'ne Pferdebürste und 'nen Striegel legst.
Nicht alles dieses ist vernünftiger Meinung zugerechnet.
Thu Du nur wie andere Leute, was es auch immer sei;
Du willst verschieden sein, damit sie sagen, (seht) den da.

Am.

Du nennst Dich älter als ich, und sagst solche Sachen!
Grau auf dem Kopf und noch bist Du nicht erfahren!

---

[1]) Eigentl. gebügelt.
[2]) Kartalūn. Besitzer eines Confectionsgeschäftes in Alexandrien.
[3]) Den Haarbusch in der Mitte nach allen Seiten verteilen.
[4]) Zu fein machen, zu sehr ausklügeln.

27. tifḍal lizemta, jā aḫi, tintif kide?

*ḫaššim šuwajje, ḫēs balaġt-ilzumre̊ de.

Ad.

28. huwā kamān dā zambe̊ tannak timsiknh?
wi kulle̊ man šābit dimāġuh tihtikuh?
29. wi kulle̊ mā-tšufuī meṣallaḥ au naḍīf
au basse̊ lābis ṭa:me̊ au ṭarbūš laṭif,
30. tu:zud tizazzarnī wi tilzimni-ssukut.

hū kulle̊ šājib zandukum lāzim jimut?
31. wa-llā jidān lābis hudūm mewassaḫa
wi-mn-*ilzumāṣ tiṣbaḥ zujūnuh-mnaffaḫa.

Am.

32. min ḫēså kān anā hudūmi kulle̊hā
gajā zalå :addī w-anā mabsūṭ bihā.
33. mā dāmå ṭarbuši zalā rāsī fisiḥ
wi kulle̊ mā ji:dam, ahō bijinnisiḥ,
34. wi gibbetī min guḫī ṣāja liddafa
wi nazle̊ markūbī šabih-*il:ulḫifa.
35. ell-azgibuh, jiskut wi ellī m-azgibuh,
jigammaḍ-ilzēnēni, lamm-amurre̊ buh.

Elmanẓar ettani.

B. wi Z. wi Ḫ. wi-jkūn Ad. wi Am. wā:fin bazid zan ennas fi ḍahr ettiāter wi jitaḥadditū mazå bazḍ bišweš.

B. li Z.

36. mā lik kide, ja-ḫti, ṣabaḥ ḫālik zadam.

H. li Z.

min ḫabsitik fi-lbēt ṣabaḥ mā fiki dam.

Wie lang, mein Bruder, willst Du Dir die weissen Haare ausziehen?
Halt ein wenig auf Dich, da Du dieses Alter nun erreicht.

Ad.

Ist das [1]) auch ein Verbrechen, dass Du immer daran fest hältst?
Und spottest Du über jeden Graukopf?
So oft Du mich gepflegt oder sauber siehst,
Oder auch nur mit einem schönen Anzug oder Tarbusch bekleidet,
Fängst Du an mich heftig zu schelten und nötigst mich zu schweigen.
Muss jeder Graukopf denn bei Euch gleich sterben?
Oder muss er immer schmutzige Kleider tragen,
Und sollen ihm von der Augenbutter die Augen des Morgens geschwollen sein?

Am.

Von allen Seiten sitzen mir meine Kleider alle
Auf mein Maass, und ich bin mit ihnen zufrieden.
So lange mein Tarbusch bequem auf meinem Kopf sitzt,
Und sobald er alt wird, wird er gereinigt,
Und mein Mantel von Tuch stark zum Warmhalten ist
Und die Sohle meines Schuhes einem Holzschuh [2]) gleicht,
So schweigt der, dem ich gefalle, und wem ich nicht gefalle,
Der macht die Augen zu, wenn ich an ihm vorübergehe.

Die zweite Scene.

B. u. Z. u. H.; Ad. u. Am. stehen weit von den Zuschauern im Hintergrund des Theaters (d. i. der Bühne) und sprechen leise mit einander.

B. zu Z.

Was ist Dir, meine Schwester? Du siehst heut' Morgen schlecht aus. [3])

H. zu Z.

Durch die Haft im Hause bist Du blutarm geworden.

---

[1]) Ist das Altsein etwa ein Verbrechen, dass Du immer davon sprichst?

[2]) Nach M.O.G. nannte man im Dialekt von Mekka früher die Holzschuhe قُلْحِفَة.

[3]) Dein Zustand ist kraftlos geworden.

Z.

37. ahō kide ṭabᶜoh.

B.

wi lēh jaᶜmil kide?

H. li B.

lākin aḥūh, ṭabᶜoh gamīl, muš zaijê de!
38. w-allāhi, jā sitti-nnê baḫtik gā ᶜidil
elli ma gā fī waᶜᶜitik rāgil rizil.

B.

39. ᶜala-lḫuṣūṣ eljōmî maᶜraf. eš daᶜāh,
lā sakkê lī ḍabba wa lā ḥadnī maᶜāh.

H.

40. jisukkê bētik lēhî? ṣakkuh[1]) kubbetēn!

Am. wi huwa māšî jiṣābil B.

mā lik kide, jā bintê, rāḥa bassê fēn?

B.

41. raḥ āḫud-uḫtī, laglî nitfassaḥ sawā
labu-ssaᶜūd elgāriḥi-nšimm-ilhawā.

Am.

42. rūḥi-nti waḥdik zaijî ma-jkūn jiᶜgibik
(wi jišāwir ᶜalā H, elḥaddāme)
w-ādî kamān wāḥda maᶜākî tiṣḥabik.

wi-jᶜūl li Z.

43. amma-nti ūᶜî bassê milbab tiṭlaᶜī,
wi-zā aradtî tuḫrugî. jikūn maᶜī.

Ad.

44. wi lēh kide? muš juḫrugū jitfassaḥum?
ṭabᶜ-iššabāb jigru sawā wi jirmaḥum.

Am.

45. kull-iššabāb, ellî kide, dōl maganīn,
la bi-ššimal tiᶜmin lahum wa[2]) la bi-ljamīn.

---

[1]) Besser als سكه des Textes.

[2]) wa könnte hier wie in Vs. 22 ausfallen.

Z.

Das ist seine Natur.

B.

Und warum handelt er so?

H. zu B.

Aber sein Bruder, dessen Charakter ist schön, nicht so wie der.
Und bei Gott, meine Herrin, Dein, Schicksal war glimpflich,
Dass nicht ein gemeiner Mann in Deinem Fall gekommen ist.

B.

Besonders heute, ich weiss nicht, was ihn veranlasst hat,
Er schloss den Riegel nicht, auch nahm er mich nicht mit sich,

H.

Weshalb soll er Dein Haus schliessen? zwiefaches Unglück mög' ihn treffen!

Am. trift beim Herumgehen auf Budūr.

Was hast Du Mädchen, wohin gehst Du denn?

B.

Ich hol' grad die Schwester, damit wir zussammen spazieren gehn
Nach Abū Saɔūd el Gārḥī,[1]) um etwas Luft zu atmen.

Am.

Geh Du allein, wohin es dir gefallen wird.

(Und er weist auf H. die Dienerin.)

Und siehe da ist noch eine mit Dir, die Dich begleitet.

Und er sagt zu Z.

Was dich betrifft, so hüt' Dich nur zur Thür hinauszugehen!
Und wenn Du ausgehen willst, so wird es mit mir sein.

Ad.

Und warum so? sollen sie nicht zum Spaziergang ausgehen?
Es ist der Jugend Natur zusammen zu laufen und herumzuspringen.

Am.

Alle jüngen Leute, die so sind, die sind verrückt.
Weder links noch rechts (d. h. gar nicht) darfst Du ihnen trauen.

---

[1]) ابو السّعود الجارحي Grab eines Heiligen bei Alt-Cairo, zu dem die Frauen vorzugsweise pilgern; früher beliebte Promenade.

Ad.

46. ṭajjib, ꜥala-lfusḥa tirūḥ maꜥ uḫtēha?

Am.

tuḫrug maꜥājā bassĕ, in kān biddēhā.

Ad.

47. dā muš kalām.

Am.

šuġlī ana wi aꜥrafuh
wi-llī bijilbis tōb, ahō bīnaḍḍafuh.

Ad.

48. wi-ḫrūgĕha maꜥ uḫtēhā mīn ꜥaijibuh?

Am.

aho[1]) kullĕ wāḥid jiꜥmil-illī jiꜥgibuh!
49. dōl muš jatāmā? wi abūhum ꞉āl linā:
hum fī waṣījetkum wi ꜥalla꞉hum binā.
50. wi ꞉āl tirabbūhum wi-zā kibrū lukum

tigauwizūhum au tišūfu šuġlikum,
51. wi-ntā maꜥak wāḥda ahi-tkaffil bihā,
w-anā kamān zaijak maꜥājā uḫtēhā.
52. dabbar umūr-illī maꜥak, jā almaꜥī.

w-anā adabbar fī umūr-illī maꜥī.

Ad.

53. lākin bašūf.

Am.

w-anā bašūf wi aḫbirak
biṣōtī ꜥāli anṣaḥak w-adabbarak.
54. entā tirīd timšī ꜥalā rāj-ilḥarīm
wi-tgib lahā wāḥid aġa wi-smuh karīm
55. wi-tgīb lahā *kiḫjā wi tuḫrug kullĕ jōm
wi-jfūt ꜥalēha-llēl wi hī mā-tšufī nōm.
56. wi-t꞉ūlĕ ḥurrīja wi tifḍal fi-lkasal
wi-ntā ꜥalā ꞉albak aho-ḥlā milꜥasal

[1]) Der Anfang ist hier مُتَفَعِّلن.

Ad.

Gut, darf sie mit ihrer Schwester spazieren gehen?

Am.

Sie geht nur mit mir aus, wenn sie will.

Ad.

Das ist nicht vernünftig.

Am.

Das ist meine Sache und ich verstehe sie;
Wer ein Kleid trägt, der reinigt es auch.

Ad.

Doch wenn sie mit der Schwester ausgeht, wer tadelt das?

Am.

Hier thut ein jeder, was ihm gefällt.
Sind sie nicht Waisen? Ihr Vater sprach zu uns:
Sie seien Euch letztwillig anempfohlen, und übergab sie uns,
Und sagte: Ihr erzieht sie und wenn sie Euch herangewachsen sind,
Verheiratet Ihr sie oder sorgt für Eueren Vorteil[1]).
Und mit Dir ist eine da, sei Du also für sie verantwortlich,
So ist auch wie bei Dir bei mir ihre Schwester.
Besorg Du die Angelegenheiten derjenigen, welche bei Dir ist, Du Gescheiter!
Und ich besorge die Sache derjenigen, welche bei mir ist.

Ad.

Aber ich sehe.

Am.

Und ich sehe und sage Dir,
Mit lauter Stimme rat' ich Dir und will Dich leiten.
Du möchtest nach der Weiber Laune gehen
Und ihr einen Eunuchen geben, der Karim[2]) heisst,
Du giebst ihr eine Ehrendame, und täglich geht sie aus,
Und die Nacht geht an ihr vorüber, ohne dass sie Schlaf sieht.
Sie nennt das Freiheit und bleibt in der Faulheit,
Und für Dein Herz ist das sicher süsser als Honig!

---

[1]) d. h. Ihr heiratet sie selbst.

[2]) Ein bei Eunuchen häufiger Name.

57. tiꜥraf ḫalāṣak, jā aḫi! lākin anā
biddī marātī tannēhā ꜣāꜥda henā,
58. tifḍal *amīra ꜥāꜣila wi-mꜣaddaba
dīman liḥāget bētēhā merattaba,
59. tuꜣꜥud tinaꜣꜣī ꜣamḥē wi-tṭabbaꜣ ġasīl
wa-llā tiḫajjaṭ fī jalak kumuuh ṭawīl.
60. lā tistimiꜥ ꜣālū wa lā ꜣulnā wa la
liwaḥdēhā tuḫrug wī timšī fi-lḫalā.
61. aḥsan kamān jiḥṣal kide wa-llā kide,
anā malīšī ꜣalbī jiḥmil kullē de,
62. wi-tkūn sabab lī fi-zzaꜥal au elgunūn
wi-tgiddē fī rāsī min-ilġafla ꜣurūn.

63. ḥēs innâhā hījā baꜣat fī zimmētī
u bilkitāb lā šakkē tiṭlaꜥ ḥurmetī,

64. wāgib ꜥalēja-nnī arāꜣib rabbêhā
mā dumtē ꜥand-innās baꜣēt masꜣūl bihā.

Z.

65. wi-š aḥwigak lidā wī de?

Am.

huss iḫrasi,

ūꜥī tiꜣūlī *bimmē au titnaffisī!

B.

66. wi-tḫāf ꜥalā uḫtī, izā ḫarget maꜥī?

Am.

maꜥlūm aḫāf, jallāh liwaḥdik iṭlaꜥī!
67. anā lukum ġilibtē sakit min zamān,
tuḫrug maꜣāki-zājē jibꜣa-lhā amān?

B.

68. lāzim anā aḥkī ꜥala-llī fi-ḍḍamīr,
ennāsē ꜥandak kullēhā tiṭlaꜥ ḥimīr.

Du kennst Dein bestes, Bruder! Aber ich
Will, dass meine Frau stets hier sitzt,
Dass sie hochsinnig, verständig und gebildet sei,
Stets für die Bedürfnisse des Hauses bereit,
Dass sie Getreide auslese und Wäsche zusammenlege
Oder am Kleid den Ärmel[1]) lang nähe.
Sie höre nicht auf das Gerede[2]) und nicht
Soll sie allein ausgehen und im Freien herumlaufen.
Sonst passiert noch dies oder das,
Und ich habe kein Herz, das all dies ertragen könnte.
Und sie könnte mir Veranlassung zu Ärger oder Wahnsinn werden,
Und es würden in Folge der Unachtsamkeit Hörner auf meinem Kopfe wachsen.
Weil sie nun unter meiner Verantwortung steht,
Und nach dem Contrakt kein Zweifel ist, dass sie meine Frau wird,
Ist es meine Pflicht, ihren Gott[3]) zu fürchten,
Weil bei den Leuten ich für sie verantwortlich bin.

Z.

Und was zwang Dich zu dem und dem?

Am.

Scht'[4]) verstumme,
Hüte Dich nur „bimm" zu sagen und zu atmen!

B.

Und fürchtest Du für meine Schwester, wenn sie mit mir ausgeht?

Am.

Natürlich fürcht' ich, vorwärts, geh allein aus!
Ich bin's schon lange müde gegen Euch zu schweigen,
Geht sie mit dir, wie kann ihr da Vertrauen bleiben?

B.

Ich muss so sprechen wie ich denke.
Die Menschen sind in Deinen Augen alle Esel.

---

[1]) Nach türkischer Art lange Ärmel.
[2]) Wörtlich: Sie haben gesagt und wir haben nicht gesagt.
[3]) D. h. Gott, der sie bewacht. (Originalerklärung des Dichters.)
[4]) s. V. G.

69. elbintê hī uḫtī w-ana huḫrā-ḫtêhā,
hija tišūf baḫtī w-anā-šūf baḫtēha.
70. maʿrafšê hījā nāẓira biʾaijē ʿēn
wi-lfikrē *jilgīhā maʿak liḥaddê fēn
71. lākin biʾafʿālak wī ʿadm-ilʾittimān
fī ꜣalbêhā rabbēt karaha min zamān.

H.

72. wi-lḥabsê dā kān lēhī? hījā aznabet?
in kān ʿalēhā zamb, ahījā-tʾaddibet.
73. dā ginsênā: radd-ilbidaʿ wajjā-*dduman
wi-za-ttamantuh jōmi, jifḍal muttaman.
74. hu-lʾiḥtirās, jā ʿammi, jinfaʿ li-nnisa?
dōl zaijê ma ꜣālū ḥigara-mgabbisa
75. w-in kānê lilwāḥda ġaraḍ, tiḥaṣṣaluh,
w-in kānê rāgilhā baṭal tistaġfiluh.
76. ma-jġirrêkūsī, jā rigāl, kutr-ilġafar.
alfēnē fāris mā jisiddū fī nafar.
77. mā ḥaddê fi-ddunjā nafaʿ ġēr-ilʾamān.
man jiʾman-inniswānê tannuh fī *ṭamān.
78 wi-n ḥaddê *ḥauwinhum jitannuh fī ʿazāb
ḥattā jiꜣaḍḍi-lʿumrī fī ʿēša hibāb.
79. ma jiḥfaẓ-inniswanê illā nafsehum
w-adīn baꜣūllak ʿan ḥaꜣīꜣet ginsêhum.
80. titnabbih-ilwaḥda, izā manaʿtêha.
tibꜣā kaʾinnak ʿarradī nabbahtêha.

Am.

81. meskīnê, jā Adhem, wi di tarbījetak!
subḥānâ man jiʿlam ḥaꜣīꜣet nijetek.

Das Mädchen hier ist meine Schwester und ich bin auch ihre Schwester,
Sie sieht mein Geschick, und ich sehe das ihre.
Ich weiss nicht, mit welchem Auge sie es ansieht,
Und wie weit ihr Geist sie Dir unterwürfig macht,
Aber mit Deiner Handlungsweise und dem Mangel an Vertrauen
Hast Du schon längst in ihrem Herzen Hass genährt.

H.

Und warum dies Gefangenhalten? hat sie etwas verbrochen?
Hätt' sie gefehlt, hätt' sie sich schon gebessert.
Dies ist unsere Art: Das Zurückgeben von Listen und Schauheiten.
Vertraust Du ihr einen Tag, so bleibt sie (die Art) vertrauenswürdig.
Nützt das Bewachen, werter Herr, bei den Frauen?
Sie sind, wie man sagt, übertünchter Stein[1]).
Hat eine einen Wunsch, setzt sie ihn durch,
Selbst wenn ihr Mann ein Held ist, nutzt sie seine Unachtsamkeit aus.
Das viele Bewachen, Ihr Männer, täusch' Euch nicht,
2000 Ritter halten nicht eine zurück.
Nichts in der Welt nützt, ausser dem Vertrauen.
Wer der Frauen vertraut, ist stets in Sicherheit.
Wenn einer ihnen misstraut, bleibt er in Qualen,
So dass er ein trauriges Leben[2]) führen wird.
Die Frauen kann niemand bewachen als sie selbst.
Hier sage ich Dir ihre wahre Art:
Eine Frau wird aufmerksam, wenn Du sie hinderst,
Es ist dann, als ob Du ihren Sinn aufs Böse gelenkt hättest.

Am.

Du armer Adhem, und das ist Deine Erziehung!
Gelobt sei der, der Deine wahre Absicht weiss.

---

[1]) d. h. man weiss nicht, was darunter ist.
[2]) eigentlich Leben von Rauch, s. V. L.

Ad.

82. wallāh kalāmhā, jā abī, cēn-iṣṣawāb,
la-lḥabsĕ jinfachum wa lā kutr-ilcazāb.
83. wi-n kānĕ hijā bintĕ an kānet mara,
elḥabsĕ wi-ttadjī: calēhā masḫara.
84. da-lcardĕ min nafsuh ilā nafsuh jiṣūn,
wi-š jicmil-ittaḥkīrĕ fi-l:alb-ilḥarūn?

85. mā dām jimīl lak :albĕhā wi timlikuh,
itli: *sirāḥ-ilgismi barrā w-utrukuh,
86. zaiji-lḥamāma-llī tikūn walliftĕhā,
tirgac tirafraf lak, izā mā futtĕhā.

Am.

87. dā muš kalām!

Ad.

kalām, wi acmil buh kitāb.
da-ḍḍiḥkĕ jilzamnā nicallim buh-ššabāb
88. billuṭfĕ nūri luh-lġalaṭ cand-illuzūm
wi-ṭbīcat-ilcasfūrĕ tunfur millugūm.

89. lākinnâ bilḥila-llaṭīfa wi-lfuraṣ
ni:dar nigīb īduh wi rigluh fi-l:afaṣ.
90. min *ḥaijĕ mā baḥtāl calā sittī Budūr,
fī aġlab-ilzau:āt awāfi:hā w-adūr,[1])
91. wi-n kān hawāhā gā, asibha waḥdĕhā
wi-trūḥi titfassaḥ, izā kān biddĕhā,
92. wi fi-ddimirdāš wi-lḥusēn ti:dar kamān
tirūḥ wi timšī waḥdĕhā mac alzamān.
93. wi ḥēs abūhā kānĕ anṣāni bihā,
lēh bassĕ bi-ttaḥkīr a:aṣṣir cumrĕhā?

---

[1]) = ادور بها

Ad.

Bei Gott, mein Bruder, ihre Rede ist die Wahrheit selbst,
Nicht das Gefangenhalten nützt ihnen, nicht viel Quälerei.
Und ob sie Mädchen oder Frau ist,
Das Gefangenhalten und Einsperren sind lächerlich.
Diese Ehre schützt sich durch sich selbst,
Und was wirkt eifersüchtiges Zurückhalten[1]) auf ein wider-
spänstig Herz?
So lange Dir ihr Herz zugeneigt ist und Du es besitzest,
Erkläre den Körper frei und lass ihn los,
Wie die Taube, welche Du gezähmt hast,
Zurückkehrt, indem sie um Dich flattert, wenn Du sie frei-
gelassen hast.

Am.

Das ist unsinnig.

Ad.

Sehr sinnig, und ich mach' ein Buch damit.
Dies Lachen ist uns nötig bei der Jugend Belehrung.
In Güte zeigen wir ihr die Fehler, wenn es nötig ist;
Und es ist die Natur des Vogels, dass er vor dem Angriff
zurückschreckt,
Aber mit freundlicher List und guter Gelegenheit
Können wir seine Hand und Fuss in den Käfig bringen.
Wie oft wende ich List bei meinem Fräulein Budûr an.
Meistens komme ich mit ihr überein und bring' sie herum,
Und wenn ihr die Laune kommt, dann lasse ich sie allein,
Und sie geht dann spazieren, wenn sie Lust hat,
Und nach Dimirdâš[2]) und Ḥusēn[3]) kann sie auch
Gehen und dort allein spazieren, ich vertrau ihr.
Und weil ihr Vater sie mir letztwillig anempfohlen hat,
Weshalb soll ich mit eifersüchtiges Zurückhalten ihr Leben
verkürzen?

---

[1]) monopolisor. für sich behalten.

[2]) الدِمِر دَاش erste Station hinter Kairo auf dem Wege nach Kubbe.
(Ausflugsort).

[3]) الحُسَين Moschee Ḥasan und Ḥusēn, vorzugsweise auch von
Frauen besucht.

94. ma damet-ilɔījām tifut min ɛumrēna
lā jōmĕ jitɛauwaḍ wa lā jirgaɛ lina.

Am.

95. *burrēhī min ṭabɛak!

Ad.

ahō ṭabɛī kide.

ɛāwiz asūl lak ēh kamānī baɛdĕ de:

96. dī aġlab-inniswān, iza mā-*tbaḥbaḥum,
zaijī-ṣṣiġār limōt abuhum jifraḥum.

Am.

97. lākinnā ibnak da ɛala ma-tɛauwiduh
jā tiṣliḥuh bilɔiɛtijād jā tifsiduh

98. wi-zā fisid ṭabɛuh wī hu lissā ṣiġīr,
jifḍal meṣammim ɛalfasād wī hu kibīr.

Ad.

99. hījā Budūr muš sittĕ ḥurra barḍĕhā
wa-llā kamān rāɔiḥ tiḥūd fī ɛarḍĕhā?

Am.

S. 151 des Textes.

100. lākin izā kibret wi ṣāret ḥurmetak
wi ṣabaḥet zaijī-nnisā fī ɛiṣmetak,

101. tifḍal tiḥibb-*issarmaḥa zaijī-rrigal
wi-mn-ēn tiġaijar ṭabɛahā, ja-bn-ilḥalāl?
(wi jiltifit li Z.)

102. ɔūmi-dḥulī gūwā wī ɛan dōl ibɛidi,
aḥsan kamān ja-llah-ssalame tinɛidi.

elmanẓar ettalit.

Ad wī Am. wī B. wī H.

Ad.

103. ammā ana rāḍī biɛēštī maɛ Budūr.

Am.

barḍû-lḥagar *jitlaṭṭĕ, tūl mā hū jidur.

Da doch die Tage von unserem Leben hingehen?
Kein Tag wird ersetzt und keiner kommt uns wieder!

Am.

Ich bin unschuldig an Deinem Charakter.

Ad.

So ist nun mein Charakter.
Ich will Dir sagen, was ich noch darüber denke:
Die meisten von den Frauen, wenn sie frei leben,
Sind wie die Kinder, die bei des Vaters Tod sich freuen.

Am.

Aber Dein Kind, durch das, an was Du es gewöhnst,
Erziehst Du es gut mit der Gewohnheit -- oder Du verdirbst es.
Und wenn sein Charakter verdorben wird, während es noch klein ist,
So bleibt er schlecht, wenn es gross ist.

Ad.

Ist Budūr denn nicht eine wohlerzogene Dame,
Oder willst Du auch ihre Ehre angreifen?

Am.

Aber wenn sie gross geworden und Dein Weib ist,
Und wie die Ehefrauen unter Deinem Schutze steht,
Dann wird sie Spaziergänge lieben wie die Männer,
Und wie wirst Du ihren Charakter ändern, Du Biedermann?

Und er wendet sich Z. zu.

Steh' auf, tritt hinein und entferne Dich von diesen,
Sonst wirst Du, Gott behüte, auch noch angesteckt.

Die dritte Scene.

Ad, Am., B. u. H.

Ad.

Ich bin zufrieden mit meiner Lebensweise mit Budūr.

Am.

Doch der Stein stösst sich, solange er sich herumwälzt.

Ad. wi hūa jiḍḥak.

104. dā šē meːaddar calgibīn wi jinkitib,
mā ḥaddē jicraf, hu limīn bijintisib.
105. amma-nta manṣūb lak, hena kull-issabab
bilḥabsē wi-ttakdīr lahā mac attacab.

Am.

106. iḍḥak calā nafsak wi entā iḫtijar,
ahō tiːaḍḍī cēšetak zaiji-lḥumār.

B.

107. mā dumt anā zōget aḫuk, lašarrafuh
w-aḥfaẓ cālēh tob-iššaraf w-anaḍḍafuh.
108. wi-n kunt anā zogtak, larabbī lak ːurun
w-acmil calā cindak, wi elli-jkun, jikūn.

II.

109. diḥnā niḍāmin kullē man jacmin lina.
amma-lli zaijak baššaruh bilḫāḍina.

Am.

110. limmi lisanik, sēfi māḍī jiːtacoh.
wi siḫ ḥadīd fī *ninnē[1]) cēnik jiːlacoh.

Ad.

111. enta-lli gājib dā linafsāk bi-ṣṣaḥiḥ.
ːālu-lːabīḥ mā-jgib linafsuh-lla-lːabiḥ.

elmanẓar[2]) errābic.

Am. liwaḥduh.

112. rāgil ːalīl-ilcaːlē, *mušnib miltaḥi
wi-ššēb malā rasuh wi hu ma jistiḥi,
113. lākin kalāmi fīh ḫisāra, wi-mabi
atcabtē ruḥī bassē fī fahmuh-lgabi.
114. lahrim Ẓarīfa-tbuṣṣē jōm fī ḫilːetuh
aḥsan jiḍic minha-lli minnī kisbetuh

---

[1]) s. D. besser ninne als nine.

[2]) Das im Text stehende الفصل ist ein Druckfehler.

Ad. lachend.

Das ist eine Sache auf der Stirn, vorausbestimmt und geschrieben,
Kein einziger weiss, wem sie zufallen wird.
Für Dich ist sie bestimmt, hier sind alle Gründe:
Einschliessung. Langeweile für sie und Plage!

Am.

Lach' über Dich, da Du ein schwacher Greis bist.
Da verbringst Du Dein Leben wie ein Esel.

B.

Bin ich die Gattin Deines Bruders, halt ich ihn in Ehren,
Bewahr' für ihn das Kleid der Ehrbarkeit und halt es rein.
Doch wenn ich Deine Gattin wäre, Dir würde ich Hörner aufsetzen,
Und thät es Dir zum Trotz, und was geschehen würde, geschähe.

H.

So sind wir; dem sind wir treu, der uns vertraut.
Dem, welcler so wie Du, sage eine Treulose voraus.

Am,

Nimm Deine Zunge zusammen, mög' sie ein scharfes Schwert abschneiden,
Und ein eiserner Haken Deinen Augapfel ausreissen.

Adh.

Du bist es in Wahrheit selbst, der mich dies zugefügt hat.
Man sagt, der Böse bringt sich selbst nur Böses.

Die vierte Scene.

Am. allein.

Ein Mann, klein an Verstand, mit Schnurrbart und Kinnbart,
Sein Kopf ist voll von weissem Haar, und er hält nichts auf sich,
Aber um meine Rede zu ihm ist es schade, beim Propheten,
Ich habe mich nur abgemüht, um ihn, den Dummen zu belehren.
Fürwahr Ẓarīfa verbiete ich eines Tages ihm ins Gesicht zu sehen,
Damit sie nicht das verliere, was sie von mir gewonnen.

elmanẓar elḫāmis.

Am liwaḥduh jiḳaf fī āḫir ettiātor wi J. wi N. amam ennas.

N. liḫaddāmuh J.

115. ahō biꜥēnuh-rrāgil-innadl-illaꜣīm,
elli manac ꜥammi Ẓarīfa, ja-brahim!

Am. jaẓunn, innuh liwaḥduh.

116. ennāsĕ tilfit kullĕhā fī da-zzaman,
mā ḥaddĕ minhum bassĕ ꜥandī muttaman.

N.

117. lammā arūḥ gambuh wī amšī w-atbaꜥoh
w-anḥakkĕ fīh w-ašukkĕ lī ṣuḥba maꜥoh?

Am. jaẓunn, innuh liwaḥduh.

118. ꜥala-lḫuṣūs eljōm wī gīluh-llī ẓahar
bikutret-illazzāt wī bilḫabṣ ištahar.

J. li N.

119. ḳarrib ꜥalēh!

Am. jaẓunn, innuh liwaḥduh.

wi-lbuꜥdĕ ꜥanhum fi-lkalām
*jiḥkum ġanime.

N. li Am

wī ꜥalēk minni-ssalām

Am.

120. dā lī anā?

N.

aiwā baḳūl nahār saꜥid,
anā manā gārak wī betī muš baꜥid,
121. ziꜥiltĕ waḥdi, ḳultĕ šūf, gārak ḥadar
uḳꜥud maꜥoh sāꜥa wī ḳul luh ꜥalḫabar!

Am.

122. inhu ḫabar?

Die fünfte Scene.

Am. steht allein im Hintergrund des Theaters und J. und N. vorn bei den Zuschauern,

N. zu seinem Diener J.

Das ist er selbst, der feige, elende Mann,
Der von mir Zarīfa fern hält, Ibrāhīm.

Am. denkt, dass er allein ist.

Die Menschen sind jetzt all' verderbt,
Nicht einer von ihnen geniesst bei mir Vertrauen.

N.

Wenn ich jetzt neben ihn schritte und ginge und ihm folgte,
Ihn anstiesse und mit ihm Umgang anzuknüpfen suchte?

Am. denkt, dass er allein ist.

Besonders die heutige Zeit und ihr Jahrhundert, welche
Durch die vielen Ausschweifungen auffällt und durch ihre Zuchtlosigkeit berüchtigt ist.

J. zu N.

Nähere Dich ihm!

Am. denkt, dass er allein ist.

Und mit ihnen zu reden zu vermeiden
Ist Gewinn.

N. zu Am.

Ich grüsse Dich.

Am.

Gilt das mir?

N.

Ja, ich sage guten Tag.
Bin ich nicht Dein Nachbar? mein Haus ist nicht weit.
Ich langweilte mich allein und sagte mir, sich, ist Dein Nachbar da?
Setz' Dich eine Weile zu ihm und plaudere mit ihm über die Neuigkeiten?

Am.

Welche Neuigkeit?

N.

jibʿa-nta mantāš fi-lbalad?
inna-bnalik jōm-ilḫamīs gā luh walad!
123. wi-nnās ketir ʿalā serājtuh-mgammaʿa
wi-bdālī mazzīka telāʿī arbaʿa
124. wi-lbahlawān ʿala-ssuṭūḥ ḥabluh naṣab
wi-mzajjinīn kull-isserāja bilʿaṣab
125. ʿāʿid liwaḥdak, jā aḫī, bitiʿmil-ēh?

Am.

bašūfē šuġli.

N.

ja salām, dā šuġlē ēh?
126. rūḥ bassē sāʿa fi-nnahār au sāʿatēn!

Am.

rūḥ fuḍḍenā, hūwā ana bafḍā min-ēn?
(wi-jrūḥ.)

elmanẓar essādis.

N. wī J.

N.

127. wi-š baʿdēhā fi-bnī-lḥarām dā ja-brahīm?
tifḍal Zarīfa taḥtē īduh da-lbehim!
128. bāni ʿalēhā ṣūrē min kull-ilgihāt
wi-mdajjaʿ-iddunja wi ṭaliʿ fi-ttabat [1].
129. mā bassē fātha jōmē tuḫrug waḥdēhā
wī kullē sāʿa bassē ʿaʿid ʿandēha.

J.

130. jā šēḫē, lā tizʿal wī fīh ma tiftikir,
da naṭʿa gāmid bilʿawī muḫḫuh ʿakir.
131. lākinnā afʿāluh tisāʿidnā henā
ʿalā bulūġ-ilʿaṣdē minhā wi-lmunā.
132. ḥēs elmara-llī *tinḥikir ʿan-ilḥabib
min ġēr mešaʿʿa waṣlēhā jiḥkum ʿarīb,

[1]) ثبات s. V. Z. I.

N.

Du lebst wohl nicht in der Stadt?
Dem König ist am Donnerstag ein Knab' geboren,
Viele Leute sind beim Schloss versammelt,
Statt einer Musikkapelle findest Du vier dort,
Der Seiltänzer hat sein Seil auf der Dach-Terrasse gespannt,
Und sie schmücken das ganze Schloss mit Brokat aus.
Was machst Du, wenn Du allein bist, mein Freund?

Am.

Ich besorge meine Angelegenheiten.

N.

Bei Gott, was sind das für Angelegenheiten?
Geh nur eine Stunde oder zwei am Tag spazieren!

Am.

Geh lasse uns, woher soll ich Zeit haben?

(Und er geht.)

Die sechste Scene.

N. u. J.

N.

Was nun nach dem mit diesem schlechten Kerl, oh Ibrāhīm?
Ẓarīfa bleibt unter seiner, dieses Viehes Hand!
Er baut von allen Seiten Mauern um sie herum,
Verengt ihr die Welt und zeigt sich hartnäckig!
Nicht einen Tag nur liess er sie allein ausgehen
Und zu jeder Stunde sitzet er bei ihr.

J.

Oh Herr, ärgere Dich nicht und denke nicht darüber nach,
Dies ist ein hartköpfiger Kerl, sein Hirn ist wirr.
Aber sein Thun hilft uns hier
Zur Erreichung unsres Zwecks bei ihr und unserer Wünsche,
Da ja die Frau, die man vom Liebhaber fern hält,
Ohne Mühe bald zu gewinnen ist.

133. wi-zzōgĕ wajja-lʿabĕ in zādu-ḥtirās,
titūh *meḫānethum bitadjīʿ illḥawās

134. wi-jsahhilū kull-ilʿumūr liman ʿišiʾ.
bass-ilʿazūl hūwā liwaḥduh *jitmišiʾ.
135. fihimtĕ maʾṣūdī wa ill-aʾūl kamān?
dānā *medaʾdaʾ fi-lʿumūr dī min zaman
136. wi-ḫdamtĕ mīt wāḥid wa-naʾḍī šuġlĕhum

wi-staġrabū fiʿlī wi makrī kullĕhum.
137. *rakkak ʿalā gōz-ilmara jikūn rizil
wī hī tisallim ġaṣbĕ ʿannū¹) tibtizil
138. jidḫul min-ilʿatba mekaššar *miltiwī

wī fi-lkalām-ilgaddĕ tilʾāh fašrawī.
139. wi-jʾūl lahā, lēh tiftaḥ-iṭṭāʾa kamān
wi lēh kidā titkallimī maʿ algiran?
140. wi-n rāḥet-ilḥammam, ʿala babuh jiʾīm,
jiʿmil ʾawī šāṭir wī hū lissā ġašīm.
141. ma tiftikiršī, jā aḫī, *ʾuṣr-ilkalam,
alzim Ẓarīfa bassĕ minnī wi-ssalām

N.

142. lākinn-adī šahrēnĕ fātū bilʿagal
wi-lʾalbĕ fīhā ham wī bi-nnar ištaʿal.
143. w-adī kaman šahrēn w-ana mašġūl biha
fī fardĕ kilmĕ bassĕ aḥkīha laha.
144. lau kan lahā ḫaddāmĕ wa-lla ḫādime
wa-lla *meʾaddim bassĕ wa-lla-mʾaddime,
145. kan bilfulūs aʿraf amajjil aʾlĕhum
w-*aḥkī ʿala šōʾī laha w-aʾūl luhum,

146. illa mesaddidha ʿalēja da-llaʿīm,
an-aʿmil-ĕh fih? bassĕ ʾul li, ja-brahim!

¹) — و عنّه.

Wenn der Gatte und der Vater die Aufsicht übertreiben,
Verwirrt ihr Geist sich dadurch, dass sie ihren gesunden Sinn verlieren,
Und sie erleichtern alle Dinge dem, der verliebt ist;
Nur der eifersüchtige Argus wird malträtiert.
Hast Du meine Idee verstanden oder soll ich sie noch mal sagen?
Ich nämlich bin seit langem in diesen Dingen bewandert.
Ich habe 100 Leuten gedient, indem ich ihre Angelegenheiten besorgte.
Sie haben alle meine Ausführung und meine List bewundert.
Die Hauptsache ist für Dich ein grober Gatte,
Dann ergiebt sie ihm zum Trotz sich und überliefert sich.
Er tritt von der Schwelle hinein ein Gesicht schneidend, die Stirn runzelnd,
Und im ernsten Gespräch erkennst Du ihn als Windmacher.
Er sagt zu ihr, weshalb öffnest Du das Fenster noch
Und weshalb schwatzest Du mit den Nachbarn?
Und wenn sie zum Bade geht, bleibt er an der Thür stehen.
Er thut als wenn er sehr schlau wäre, und doch ist er dumm.
Denk' nicht darüber nach, Bruder, kurz gesagt,
Mache mich für Ẓarîfa verantwortlich, und fertig.

N.

Aber da sind zwei Monate schnell vergangen,
Und mein Herz liebt sie leidenschaftlich und ist für sie entbrannt.
Und ebenso wieder 2 Monate, während deren ich bemüht bin
Ihr nur ein einziges Wort zu sagen.
Wenn sie einen Diener hätte oder eine Dienerin,
Oder 'nen Hausmeister [1]) oder eine Gesellschaftsdame,
Könnte ich durch Geld mir ihren Sinn geneigt machen
Und würde von meiner Sehnsucht nach ihr erzählen und zu ihnen sprechen,
Aber der Elende schliesst sie vor mir ein,
Was mach' ich hier? sag' mir's doch, Ibrâhîm.

[1]) Der Hausmeister, der vornehmen Damen früher mit einem langen Stabe vorausschritt; in Syrien sieht man es jetzt noch.

J.

147. lidi-lwuʾēt lissā maḥaddiš ʾāl lahā
wa lā balaġha-nnak ʾawī tiḥibbĕhā?

N.

148. fī kullĕ jōm anā ʿamilhā[1]) šuġletī
u waghĕha-lʿabjaḍ gaʿaltuh ʾibletī

149. wī bilʿujūn dīman aballaġha-ssalām
wa lā baʾāš fāḍil linā illa-lkalām.

150. lākinnâhā, jā haltarȧ min ennaẓar
tifham wa illā kullĕ de rāʿiḥ hadar?

J.

151. amma-lkalām bilʿēnĕ da mā lūš amān,
jā bilkitāba tifhamak jā bi-llisān.

N.

152. iʿmil linā ḥīle ʿalā tafhīmĕhā,
min aglī ma-ṭṭamin wī ašrab *ḫēmĕhā.

J.

153. fahimtĕ, jikfā, ʾūm baʾa w-udḫul binā
fi-lbētĕ nitḥaddit wi *niḫlī fikrĕnā.

El ʾiṭʿa ettānija.

Elmanẓar elʿauwal.

Z. wī Am.

Z. liwaḥdĕhā.

154. jā rabbĕ min dūn elbanāt afḍal kide
merabbaṭa ʿand-irragil da-mʾajjide

155. lalʿab ʿaleh malʿub ʿasa-llāh jinṭilī

w-afukkĕ buh ʾēdi-lḥadīd wī *angilī.

Am.

156. mā lik kide?

Z.

ma lī kida-zai, ja ṣabī,
ma-dritšĕ bi-llī ṣabĕni wī ḥallĕ bī?

[1]) عاملها.

J.

Hat niemand noch bis jetzt mit ihr gesprochen
Und erfuhr sie nicht, dass Du sie heiss liebst?

N.

An jedem Tag mache ich aus ihr meine Beschäftigung,
Und ihr weisses Antlitz habe ich zu meiner Qibla gemacht,
Und mit den Augen stets lass ich meinen Gruss zu ihr gelangen.
Und nichts ist für uns übrig als die Rede.
Aber versteht sie wohl was sie sieht,
Oder ist alles dies vergeblich?

J.

Die Augensprache, die gewährt nicht Sicherheit,
Verständlich machst Du Dich entweder durch Schrift oder durch Rede.

N.

Ersinne eine List, um es ihr verständlich zu machen,
Damit ich mich beruhige und ihr Inneres erkenne.

J.

Ich hab's verstanden, es genügt, steh auf, lass uns nun eintreten
Ins Haus, damit wir uns besprechen und unsere Gedanken freimachen.

Der zweite Akt.

Die erste Scene.

Z. und Am.

Z. allein.

Oh Gott, im Gegensatz zu den Mädchen sonst, bin ich so
Gebunden an diesen Mann und gefesselt,
Ich werde ihm einen Streich spielen, durch den er sich, so Gott will, täuschen lässt
Und durch den ich meine eiserne Fessel löse und froh werde.

Am.

Was ist Dir denn?

Z.

Was mir ist? Wie, mein Freund,
Weist Du nicht, was mir passiert und zugestossen ist?

157. wāḥid min-ilgīrān mezaɛɛalni ketīr
wi kullĕ mā tuḫrug jigī zaiji-lġafīr.
Am.
158. aiwa ɛirift-iššaḫṣĕ elli-btūsifīh
wi-ɛriftĕ bētuh wi kaɛinnī kuntĕ fīh.
159. muš huma ɛālū lik ɛalēh ismuh Noṣēr,
di-lwaɛt arūḥ luh, lau jikūn ɛand-ilɛoṣēr.
Z. tiɛūl wi hīje ḫārga.
160. jā rabbĕ, dī minnī gasāra zājide
wa lā jilīɛ min-ilbanāt tiɛmil kide,
161. lākinnā maɛ rāgil rizil mā fīh malām,
elɛuzrĕ maɛbūl wi-lḫijāne muš ḥarām.

elmanẓar ettānī.
Am. liwaḥduh jiḥabbat ɛalā bāb Noṣēr wi-jɛūl.

162. ja-llī henā, ḥaddiš henā, ma-btismaɛūš?
dōlā gamāɛa min wilād ḥallaɛ wi *ḥūš!

163. jā nāsĕ, ja-llī fōɛĕ, ja-ulād-izzinā,
ḥaddiš henā, ḥaddiš henā, haddiš henā?

elmanẓar ettālit.
N. wi Am. wi J.
Am. li J. ellī ḫarag elɛauwal.
164. mā fīš hena-lla-ntā ɛagāɛib wi-nnabi!
mā-tɛūl linā sīdak ḫarag fēn, jā ṣabi?

N. jiḫrug wi-jɛūl.
165. ahō anā sīduh.
Am.
ahūwa-nta-ṭṭalab.
N.
ɛaẓīm ɛawī, jā haltarā wi-šlū sabab?

Einer von den Nachbarn ärgert mich sehr
Und jedesmal wenn Du ausgehst, kommt er wie der Wächter!

Am.

Ja ich kenne die Person, die Du beschreibst,
Und kenne ihr Haus und so, als ob ich darin gewesen wäre.
Hat man Dir nicht von ihm gesagt, sein Name sei Noṣēr?
Jetzt gehe ich zu ihm, selbst wenn er bei Qoṣēr[1]) wäre.

Z. spricht, während sie hinausgeht.

Oh Gott, dies ist von mir eine übermässige Kühnheit,
Und nicht ziemt es den Mädchen so zu handeln.
Aber gegenüber einem gemeinen Manne ist es nicht tadelnswert,
Die Entschuldiguug ist angenommen und die Täuschung nicht verboten.

Die zweite Scene.

Am. allein klopft an die Thür Noṣērs und sagt.

Am.

Ihr, die Ihr hier seid, ist niemand hier? hört Ihr nicht?
Das ist eine Gesellschaft von den Kindern „umgieb und halte fest"[2]),
He Leute, he Ihr da oben, he Ihr Hurensöhne,
Ist niemand hier, ist niemand hier, ist niemand hier?

Die dritte Scene.

N., A. u. J.

Am. zu J., welcher zuerst herausgetreten ist.

Ist niemand ausser Dir hier? Merkwürdig, beim Propheten,
Willst Du uns nicht sagen, wohin Dein Herr gegangen ist, Bursche!

N. tritt heraus und sagt.

Hier bin ich, sein Herr!

Am.

Da bist Du, den ich suche.

N.

Sehr schön, und was ist wohl die Veranlassung dazu?

---

[1]) Stadt am roten Meer.

[2]) D. h. von denen, die sich zurufen, „umgieb und halte fest", nämlich einen des Wegs reisenden (Diebesfamilie).

Am.
166. hūwa-nta, ja-bn-innāsĕ muš ismak Noṣēr?
N.
aiwa anā barḍī wa lā fī ḥaddĕ ġēr!
Am.
167. baːā anā gēt fī suːāl wi luh luzūm.
N.
udḫul wi šarraf manzilī, ḥukm-illuzūm.

Am.
168. ana-ššaraf dā maːrafūš wa la-dduḫūl,
kidā w-anā wāːif.
N.
walākin mūš uṣūl.
Am.
169. ːuṣr-ilkalām —
N.
ṭajjib, agīb kursī henâ.
Am.
aḥkī w-anā wāːif kide baːūl anā.
N.
170. elːafwĕ, jā sīdī.
Am.
ahō biddī kide.
N.
itfaḍḍal-uːːud, lēhî bass elːindĕ de?
Am.
171. lā bassĕ ːul lī ːaṣṣaḥīḥ fī dimmetak,
entā gadaː maẓbūṭ wî bājna himmetak.
172. hūwā anā muš elwaṣī, jā ḥaltara
ːalbintĕ di-llī sākina fi-lːanṭara?
N.
173 ṣaḥīḥ.
Am.
wî ḥēs innī meṣammim ːalgawāz
wi lī kamān šahrēn baḥaḍḍar fi-lgahāz,
174. lēh bassĕ entā kullĕ jōm madbuː bihā
wî tiddiːī, innak ːawi tiḥibbĕhā.

Am.

Ist nicht Ew. Wohlgeboren Name Noşer?

N.

Gewiss, das bin ich ja, und es giebt keinen anderen.

Am.

Ich bin nun in einer notwendigen Sache gekommen.

N.

Tritt ein und beehre meine Wohnung, das ist unbedingt erforderlich.

Am.

Ich will nichts von dieser Ehre und von Eintritt wissen.
So bleib ich stehen.

N.

Aber daş ist nicht Sitte.

Am.

Um's kurz zu sagen —

N.

Gut, so bringe ich einen Stuhl her.

Am.

Ich rede und spreche so im Stehen.

N.

Pardon, mein Herr!

Am.

So will ich es.

N.

Bitte setz' Dich, warum dieser Eigensinn?

Am.

Nein, sag mir die Wahrheit nur auf Dein Gewissen.
Du bist ein braver Junge und Dein Edelsinn ist augenscheinlich
Bin ich nicht der Vormund
Des Mädchens da, welches an der Brücke wohnt?

N.

Richtig.

Am.

Und da ich fest znr Heirat entschlossen bin
Und schon seit zwei Monaten den Brautschatz fertig stelle,
Weshalb hängst Du Dich jeden Tag an sie
Und behauptest, dass Du sie heiss liebst?

4*

N.

175. anā?

Am.

ba:ūl lak aiwa entā, jā gadaꞓ
balā *lawāꞓa fi-lkalām balā bidaꞓ!

N.

176. mīn da-lli :āl lak? fēnê hū? w-an-akaddibuh [1]
ꞓala-lkalām, ellī na:al, wî addibuh,
177. mīn bassê? :ūl!

Am.

ahō balaġnî ꞓan si:a.

N.

ma-t:ulšê mīn?

Am.

mā-:ulš anā ꞓalêh ba:a.

N.

178. lāzim ti:ūl ꞓannuh.

Am.

di hīja-bnafsêhā!

N.

hīja-lli :ālet?

Am.

aiwa hījā barḍêhā.
179. danā merabbīhā wî hī lissā ṣiġār,
mā ꞓumrêhā ġêrî raꞓat gidꞓān kubār.
180. wi-ḥnā ꞓala-ssufra binākul fi-lꞓašā
liwaḥdênā litnēnê fī wa:t-ilꞓišā.
181. :ālet ꞓalēk, innak izā mā šuftêhā,
in kān maꞓī timšī wa illā waḥdêhā,
182. lā buddê mā timšī warāhā sāꞓatēn
wi-tdān tiḥaddithā biꞓaṭrāf-ilꞓenēn,
183. ḥattā ẓahar ḥālak wî filmet ma:ṣadak

wi-fḍiltê titmanni-nnêhā jōm tūꞓidak

---

[1]) Schluss ist مُتَفَاعِلُن; doch könnte durch Auslassung des für den Sinn nicht nötigen انا das regelmässige Metrum wiederhergestellt werden.

N.

Ich?

Am.

Ich sag' Dir ja, Du bist's, mein Junge;
Keine Winkelzüge in der Rede, keine Listen!

N.

Wer ist es, der Dir's sagte? wo ist er? ich will ihn Lügen strafen
Für die Rede, die er berichtet hat, und ihm Lebensart beibringen.
Wer ist's nur? sag'!

Am.

Aus sicherer Quelle hab' ich es vernommen.

N.

Sagst Du nicht, wer?

Am.

Ich sag' nichts über ihn.

N.

Es ist notwendig, dass Du ihn nennst.

Am.

Sie ist es selbst.

N.

Sie ist es, die's gesagt hat?

Am.

Ja, sie selbst!
Ich bin's, der sie erzogen hat, als sie noch klein war.
Nie in ihrem Leben sah sie ausser mir erwachsene Leute.
Und wir essen am Tisch bei der Abendmahlzeit
Allein zu zweien zur Abendzeit.
Sie sagt von Dir, dass, so bald Du sie sähest,
Ob sie mit mir geht oder allein,
Du unbedingt zwei Stunden hinter ihr gingst
Und fortwährend mit den Augenwinkeln zu ihr sprächest,
So dass Dein Zustand offenbar ist und sie Deine Absicht verstanden hat,
Und dass Du stets wünschest, dass sie Dir eines Tages ein Versprechen giebt.

184. lákīn raʾat fī :albêhā ḥubbi-nzaraʿ
wi ṣārê garjak ʿandêhā min ġēr nafaʿ.

N.

185. ba:ūlê hīja-llī ḥakat lak da-lkalām?

Am.

aiwa wī :ālet li-ḫbiruh ḥālan :awām.
186. ḥīn šāfetak fī ḥubbêhā mašġūf :awī
wi-bnār hawāhā minḥari: wi minkawī,

187. min kutrê mā zādet zaʿal wī *ʿaknina
ma-l:atšê wāḥid jiḫbirak illā anā,
188. w-ādīn binafsī gēt henā wī *bauʿibak,
min baʿdê dā tistāhil-illī-jḥillêbak.
189. dā ḥubbêhā mamnūʿ ʿalā ġērī ḥarām,

ūʿā linafsak wi-ntibih lidi-lkalām.

(wi jibʿid).

— N. li J. bišwēš.

190. wi-nt-eš jikūn rājak ba:ā? kēf elʿamal?

J.

ibšir biwaṣl-ilḥelwê wi-blūġ-ilʿamal.

191. lā buddê mā fīh sirrê ẓāhir lilʿajān,
bass enta uṣbur luh, wī hū bukra jibān.
192. fī dimmetī malʿūb ʿalēh min ḥurmetuh,
wī biddêhā tirmaḥ kamān fī ġafletuh.

elmanẓar errābiʿ.

Am. liwaḥduh.

193. amma-*nḫazā wi-lḫazjê kān bājin ʿalēh
wi-lḫōfê ẓāhir min kalāmī fī ʿinēh.
194. laḥbir Ẓarīfa ʿalkalām, ellī gara,
wi-nnuh ʿirif biʾannê šuġluh *masḫara.
195. min šān mazāghā min kalāmi-ljōm jirū:
wi-mn-izzaʿal linafsêhā ti:dar tifū:.

Aber sie findet in ihrem Herzen die Liebe zu mir eingepflanzt,
Und dass Du sie verfolgst, ist ohne Nutzen.

N.

Ich sage, sie ist's, die diese Rede zu Dir sprach?

Am.

Ja, und sie sagte mir, benachrichtige ihn sogleich, schnell.
Als sie Dich in Liebe zu ihr sehr ergriffen sah
Und vom Feuer des Verlangens nach ihr entzündet und entbrannt,
So gross ward da ihr Zorn und ihr Verdruss,
Dass sie niemanden fand, der Dir es melden sollte, als mich,
Nun siehe bin ich selbst hergekommen und teile Dir es mit'
Nach diesem[1]) verdienst Du, was Dir geschehen wird.
Die Liebe zu ihr ist verboten für jeden andern als mich, ist Frevel
Hüte Dich für Dich und merk' auf diese Rede!

(Er entfernt sich.)

N. leise zu J.

Und Du, was ist nun Deine Meinung? wie steht die Sache?

J.

Freu' Dich über die Ankunft des Guten und die Erfüllung der Hoffnung.
Dabei muss ein Geheimniss sein, das ist klar zu sehen.
Warte nur darauf, morgen wird es offenbar werden.
Auf mein Wort ein Streich von seiner Dame gegen ihn,
Und sie wird noch weiter auf seiner Dummheit reisen (d. i. v. s. D. profitieren).

Die vierte Scene.

Am. allein.

Er war verstört, und die Verwirrung war an ihm offen zu merken,
Und die Furcht vor meiner Rede zeigte sich in seinen Augen.
Ich werd' Ẓarīfa das Gespräch melden, welches gehalten wurde,
Und dass er jetzt weiss, dass seine Mühe umsonst ist,
Damit ihre Laune durch meine Rede heute sich beruhigt,
Und sie vom Ärger sich erholen kann.

[1]) D. h. nach unserer Auseinandersetzung.

196. mā šuftĕ fi-nniswānĕ ḥurra mislēha
walā naẓirhā baʿdēhā wa[1]) la :ablēhā
197. da-ḥmūwĕ min tarbījetī fīha-nṭabaʿ
tizʿal wi *tizzarbin, izā šāfhā gadaʿ.

elmanẓar elḫāmis.

Z. wi Am.

Z. ti:ūl bišwēš wi hīje dāḫle.

198. maḥsan Noṣēr min *wahgetuh-jkūn mā fihim
wa lā bima:ṣūdī laḥaẓ wa lā ʿilim.
199. lafahhimuh-nnōba-lġaraḍ bilmiftišir,
ijāk jiḫallaṣnī min-irrāgl-ilkišir.

Am.
(S. 164.)

200. ḥa::a-skuti.

Z.

ēš elḫabar?

Am.

ḫabar ʿagīb
wi šē ẓahar lī zaijĕ mā :ultī ġarīb

201. ḥīn :ultĕ luh iṣfarrĕ lōnuh wi-*n:aṭaf
wi ṣār *jitahtah fī kalāmuh wi-nkasaf.
202. w-aẓunnĕ ʿumruh mā ba:ā jirgaʿ lahā
wa lā ba:ā jaʿūd liʿamla zaijĕhā.

Z.

203. wallāh anā ḫāifa jikūn min ḥam:etuh
nawā ʿalā ʿamla tidāwi ʿilletuh.

Am.

204. wi-lḫōf ba:ā min ēhī, mā hū faḍḍēhā?

[1]) و hier überflüssig.

Nicht hab' ich eine Frau so edel wie sie gesehen,
Und es giebt keine ähnlich ihr weder später noch vorher.
Dieser edle Eifer ist ihr durch meine Erziehung eingepflanzt.
Sie zürnt und ist empört, wenn sie ein junger Mann sieht.

Die fünfte Scene.

Z. u. Am.

Z. sagt leise, während sie eintritt.

Das wär' noch besser, wenn Noṣēr in seiner Hitze nicht verstanden hätte,
Meine Absicht nicht bemerkt hätt' und nicht wüsste!
Dies Mal werde ich ihm den Zweck klar verständlich machen,
Dass er mich von diesem mürrischen Mann befreien soll!

Am.

Wahrhaftig schweig!

Z.

Was ist die Nachricht?

Am.

Eine merkwürdige Nachricht.
Und eine befremdliche Sache, wie Du sie geschildert, hat sich mir gezeigt.
Als ich ihm es sagte, wurde seine Farbe gelb und er war geknickt,
Fing an zu stottern in der Rede und war verdrossen.
Ich denke, sein Leben lang kehrt er dazu nicht mehr zurück
Uud kommt nun nicht mehr wieder zu einer solchen Handlung.

Z.

Bei Gott, ich fürchte, dass er in seiner Tollheit
Einen Streich beschlossen hat, der ihn von seinem Übel heilen wird.

Am.

Und wovor die Furcht, da er dies aufgegeben hat?

Z.

wallah-lʾabāḥa wi-rrazāla barḍe̊hā,
205. bālakše̊ sāʿat mā ḫaragt entā ilēh
wi-fḍilte̊ *ḥiṣṣe ṭajjibe tindah ʿalēh?
206. raʿēte̊ fi-lḥāra gadaʿ fāʿit šabāb,
ḥadaf[1]) min-iššibbāke̊ šē zaijī-lḥigāb.
207. lā budde̊ fīh maktūbe̊ maṭwī arsaluh,
wi-llī ramāh ma-ʾdirtiš-inn-aḥaṣṣaluh
208. rāḥ bilʿagal jigrī wī ḫallānī ʿadam
wi rukne̊ fī ʾalbī min-ilġēẓ inhadam.

Am.

209. ammā ṣaḥīḥ ḫabbāṣ wī kull-ilḫubse̊ fīh.

ījāk liwaḥduh basse̊ marra altiʾīh!

Z.

210. lākin min-ilwāgib niġīẓuh-*wnifʾaʿoh

wi-nrudde̊ maktūbuh ʿalēh wi-nraggaʿoh,
211. bass amm-ašūf wāḥid jikūn ġērak.

Am.

wi lēh?
hūwā kamān dā šēje̊ m-aʾdarši ʿalēh?
212. min šān ʿujūnik, jā Ẓarīfa, laḥmiluh
w-armīh henāk li-bn-izzina-llī arsaluh

213. muš niftaḥuh wi-nšūfe̊ ēš dā *waḍḍabuh?

Z.

ūʿā tigī *jammuh wa illā tiʾrabuh!

Am.

214. lēh basse̊?

Z.

jibʾa-ntā kidā wāṣil ġašīm
elḥamdů lillah, jā aḫí, zōʾak salīm!

---

[1]) hocharabisch حذف

Z.

Bei Gott, die Frechheit und die Dreistigkeit sind noch dieselbe,
Entsinnst Du Dich der Stunde, wo Du zu ihm ausgingst,
Und einen guten Augenblick bliebst, um ihn zu rufen?
Da sah ich in der Gasse einen jungen Mann vorübergehen,
Der warf ins Fenster ein Ding wie ein Amulet.
Darin muss ein Brief gefaltet sein, den er gesandt,
Und der ihn warf, nicht konnte ich ihn erreichen.
Er lief schnell fort und liess mich machtlos hier,
Und ein Winkel in meinem Herzen wurde vor Zorn vernichtet.

Am.

Das ist wahrhaft ein Friedenstörer und alles Schlechte ist in ihm,
Oh dass ich ihn doch nur einmal allein anträfe!

Z.

Aber es ist notwendig, dass wir ihn zornig und vor Ärger platzen machen
Und ihm das Schreiben zurückgeben und es zurücksenden,
Aber wenn ich nur einen andern als Dich sähe!

Am.

Und warum?
Ist das vielleicht auch eine Sache, der ich nicht gewachsen bin?
Deiner Augen wegen, oh Ẓarīfa, werde ich es auf mich nehmen.
Und ihn dem gemeinen Kerl dorthin werfen, der ihn gesandt hat.
Wollen wir ihn nicht öffnen und sehen, was er da zusammengeschrieben hat?

Z.

Hüte Dich an seine Seite zu gehen oder Dich ihm zu nähern!

Am.

Warum denn?

Z.

Bist Du denn ganz dumm?
Preis sei Gotl, mein Bruder, Dein Urteil ist gesund!

215. jimkin kalām fi-lcardê au ːillet adab,
tibːā litackīr gittetī enta-ssabab,
216. ḫallīh biḫitmuh; zaijê mā gā, ibcatuh
wi-rmīhī fī wiššuh wī ūcā-tḫadditub,
217. licannê wāḥid zaijê de mā luh-ctibār
wa lā jiliː buh šêjê ġēr-ilciḥtiːār.
218. ḫallīh jimūt fī kasfetuh min elḫagal
wi-tgiddê fī ːalbuh-lkarāha bilcagal.

Am.

219. wallāh kalāmik, jā Ẓarīfa, bilcuṣūl!
mīn bassê zaijik fi-lbanāt jicraf jiːūl?
220. ammā ḥaːīːa asmaret tarbījetī,
tistāhilī innik tikūnī ḥurmetī!

Z.

221. wi-nta kamān, ellī jiːac, bitṣallaḥuh
eẓẓarf ahō fīdak wī tiːdar tiftaḥuh.

Am.

222. bacd-ilkalām elḥelwê wi-lcaːl-izzikī
aːdar aḫālif, jā Ẓarīfa, ːōlīkī?
223. hū muš bacīd cannī, jadōb dōl ḫaṭwatēn,
arūḥê armīh luh w-aːūl luh kilmetēn.

elmanẓar essādis.

Am. waḥduh.

224. ammā Ẓarīfa zaijêhā mā fīh banāt
wi lafẓêha-llī tulfuẓuh sukkar nabāt
225. wī fi-lḥurūrīja di sittī-mḫaddara,
āh min zakāwet caːlêhā wi-lmaːdara,
226. lammā ašūf-ilwaṣfê dā fīhā, aṭīr.

ḥatta-lgawābāt candêhā dā cār kibīr,
227. wa lā cagabhā di-lgawāb tiːaṭṭacoh
illā calā īdī kamān tišajjacoh.

Möglich, dass Worte gegen die Ehre oder Ungebildetes darin ist,
Du bist dann die Ursache, dass ich mich verletzt fühle.
Lass ihn gesiegelt; wie er kam, so sende ihn
Und wirf ihn ihm ins Gesicht und hüte Dich mit ihm zu sprechen,
Weil einer so wie der nicht Rücksicht verdient,
Und nicht passt für ihn anderes als Verachtung.
Lass ihn sterben in seinem Verdruss über die Schande,
Und bald wird in seinem Herzen Hass entstehen.

Am.

Bei Gott, Deine Rede, oh Ẓarīfa, ist vernünftig.
Wer unter den Mädchen weiss so wie Du zu sprechen?
Da hat wirklich meine Erziehung Früchte getragen,
Du bist würdig meine Frau zu werden.

Z.

Und auch Du bringst was vorfällt in Ordnung,
Hier ist das Couvert in Deiner Hand, du kannst es öffnen.

Am.

Nach dieser schönen Rede und dem Beweis scharfen Verstandes
Kann ich, oh Ẓarīfa, Deiner Meinung widersprechen?
Er ist nicht weit von mir, diese zwei Schritte kaum,[1])
Ich gehe, um ihm den Brief hinzuwerfen und ihm zwei Worte zu sagen.

Die sechste Scene.

Am. allein.

Wie die Ẓarīfa, so wie sie giebts keine Mädchen!
Und die Rede, welche sie spricht, ist wie Candiszucker.[2])
Und was die Ehrbarkeit anlangt, es ist eine wohlbewachte Dame,
Oh über die Schärfe und Macht ihres Verstandes!
Wenn ich diese Eigenschaften bei ihr sehe, springe ich vor Vergnügen[3])
Sogar die Briefe gelten der da als grosse Schande.
Und nicht gefiel's ihr diesen Brief zu zerreissen,
Sondern sie sandte ihn sogar durch meine Hand zurück.

---

[1]) بادوب s. Sp. G. pg. 178.

[2]) s. D. unter نبات

[3]) eig. fliege ich.

228. jā ḥaltarā imrāt aḥūjā uḥtêhā
jiṭalcšī min īdhā tiḥāzir zaijêhā?
229. lākin calā ẓanni-lbanāt cand-ilkabar

jib:ū calā mā-jcauwidūhum fi-ṣṣaġar.
(summa jiḥabbaṭ calā bāb N. wij:ūl.)
230. ja-llī henā!

elmanẓar essābic.

Am. wī J.

J.

mīn elli bijḥabbaṭ henā?

Am.

iftaḥ ba:ā, lammā a:ūl lak dā anā.
(jinfitiḥ elbāb wij:ūl Am.)
231. rūḥ :ūl lisīdak mā ba:ā jiktib kitāb
wi-jšajjacoh malfūf linā zaijī-lḥigāb.
232. aḥsan Ẓarīfa ḥurmetī ziclet :awī.
ahu-lkitāb ma:fūl biḥitmuh minṭawī.
233. jikfāh ba:ā, ahūwa amruh ištahar
wi-lciš:ê wajja-lkidbê min ficluh ẓahar.

(wijrūḥ.)

elmanẓar ettāmin.

N. wī J.

N.

234. inhū gawāb, ellī bijiḥkī lak calēh?

J.

gawāb ahō malfūfê, ḫud, šūf fīhê ēh!
235. bī:ūl calēh, innak bacattuh-lḥurmetuh,
min ġērī mā ti:rāh ahījā raddetuh.
236. in fātênī ḥizrī, jikūn malcūb caẓīm,

:ūm iftaḥuh wi-:rāhī, dā rāgil ġašīm.

Würde etwa meines Bruders Gattin, ihre Schwester,
Fähig sein sich wie sie zu bewachen?
Aber nach meiner Meinung bleiben die Mädchen, wenn sie gross sind,
So wie man sie, als sie noch klein waren, gewöhnt hat.
(Dann klopft er an die Thür Noṣērs und sagt)
Oh, die Ihr hier seid!

Die siebente Scene.

Am. und J.

J.

Wer ist es, der hier klopft?

Am.

Öffne doch, wenn ich Dir sage, ich bin es.
(Die Thür wird geöffnet und Am. spricht)
Geh, sage Deinem Herrn, er soll keinen Brief mehr schreiben
Und ihn uns eingehüllt wie ein Amulet senden,
Weil meine Frau Ẓarīfa sich sehr geärgert hat.
Hier ist der Brief, geschlossen mit seinem Siegel, zugefaltet!
Es genügt für ihn nun, seine Sache ist klar geworden,
Und die Liebe zusammen mit der Lüge haben sich durch sein Thun offenbart.
(Und er geht.)

Die achte Scene.

N. u. J.

N.

Was für ein Brief ist's, von dem er zu Dir spricht?

J.

Ein Brief, hier ist er eingewickelt, nimm, sieh, was drin steht.
Er sagt von ihm, dass Du ihn seiner Frau gesandt hast.
Ohn' ihn zu lesen, hat sie ihn zurückgegeben.
Wenn ich die richtige Vermutung habe[1]), ist das ein famoser Streich,
Öffne ihn nun und lies ihn, dies ist ein dummer Mann!

[1]) Eig. durch mich durchgegangen ist.

N. ji°rā elgawāb.

Innak balā šakk titᴄaggib min hāza-lgawāb, wi-jbān lak, innī *gāzift binafsī ᴄand taḥrīruh. Wi tiᴄlam, kēf tawaṣṣalt ilā kitābetuh, wi aᴄgab min zālik, eṭṭarī:a allatī iḫtaraᴄtêhā fī tauṣīluh ilēk. Lākin elḥāle, allatī anā fīhā, augabatnī lifiᴄl zālik wi sabab hāzihi-lgasāra hūa innâhum ᴄazamū ᴄalā gawāzī bihāza - ššaḫṣ baᴄd sittet ijām. Fa liᴐagl ḫalāṣī min tilk elwarṭa, :ad iḫtartak wi :ultê, innak aulā bī min hāza-lᴄanīd. Fa lā taẓunn maᴄ hāzā, inn-ilᴐiḍṭirār huw-allazī augabnī lilmēl ilēk; fa innak ᴄandī bimanzilet elᴐaᴄazz elᴐakram wi inn-ilᴐistiᴄgāl huw-allazī augab ᴄadam elᴐiᴄtinā bilkitāba; wi rubbamā akūn nisīt elwāgib min umūr elmewadda wi-lmeḥabba. Fa in kān lak mēl ilēnā, fa-lᴐamr *jitwa::af ᴄalā riḍāk wi hā anā mintaẓara ifāda minnak, tidillīnī ᴄalā mā fī :albak wi manziletī ᴄandak, ḥattā jimkinnī an aḫbirak bimā nawēt ᴄalā fiᴄluh. Lākin iftikir, inn-elᴐamr mistaᴄgil giddan wi innê :ulūb elmeḥibbīn ġanīje ᴄan ettaᴄbīr bikitret elkalām. — Ẓarīfa.

J.

237. ammā kidā malᴄūb ᴄaẓīm wa-llā balāš
wi zaijê dī ḥīle gamīle mā ba:āš.

N.

238. ba:ēt anā maᴄzūrê fī ᴄiš:ī lahā
ᴄala-lḫuṣūṣ, lammā ẓahar lī ᴄa:lehā.

J.

239. ūᴄa-ḥsan-ilmalᴄūn ahūwā gā henā!
tiḥkī maᴄoh wa-llā maᴄoh aḥkī anā?

N. liest den Brief.

Ohne Zweifel wirst Du Dich über diesen Brief wundern, und es wird Dir scheinen, dass ich bei seiner Abfassung viel gewagt habe. Du weisst, wie es mir gelungen ist ihn zu schreiben. Und wunderbarer als dieses ist die Art, die ich erdacht habe, um ihn zu Dir gelangen zu lassen. Aber die Lage, in der ich mich befinde, hat mich dies zu thun gezwungen, und die Ursache dieser Kühnheit ist, dass sie meine Heirat mit diesem Manne in sechs Tagen beschlossen haben. Und zur Errettung aus diesem Abgrunde habe ich Dich erwählt und mir gesagt, dass Du meiner würdiger bist, als dieser Starrkopf. Trotzdem denke nicht, dass es die Notwendigkeit sei, die mich zur Neigung zu Dir gezwungen hat, denn Du nimmst in meinem Herzen den Platz des Geliebtesten und Teuersten ein, und die Eile ist es, welche mich zum Mangel an Sorgfalt in meiner Schrift gezwungen hat. Vielleicht habe ich das in den Angelegenheiten der Liebe und Leidenschaften Notwendige vergessen. Wenn Du mir geneigt bist, dann hängt es von Deiner Einwilligung ab, und hier warte ich auf eine Nachricht[1]) von Dir, die mir zeigt, wie es in Deinem Herzen aussieht und welches mein Platz bei Dir ist, so dass ich Dich benachrichtigen kann, was ich zu thun beschlossen habe. Aber bedenke, dass die Sache sehr eilt und die Herzen der Liebenden das Ausdrücken durch viele Worte entbehren können. — Zarifa.

J.

Das war ein famoser Streich, oder es giebt überhaupt keinen.
Und eine schöne List wie die giebt es sonst nicht mehr.

N.

Nun bin ich in meiner Liebe zu ihr gerechtfertigt,
Besonders, da sich mir ihr Verstand erwiesen hat.

J.

Gieb acht, weil der Verfluchte da hierher kommt.
Sprichst Du mit ihm oder soll ich mit ihm sprechen?

[1]) افاد renseigner s. D.

elmanẓar ettāsiꜥ.

Am. wi N. wī J.

Am. li N.

240. biddak kamān tirsil gawāb wi-*tḥabbišuh?
wī tūḍaꜥuh fī kīs ḥarīr wi-*tdandišuh?
241. wi-tbissê fīh šō:ak wī baꜥdēn tinkisif
wi-tbān umūrak lilꜥajān wī tinkišif.
242. fuḍḍak ba:ā *nānā wi zū: malḥak kamān
wa lā ti:ūl acša: felāne au felān.
243. dā :albêhā mašġūl bilḥubbī, jā ṣabī,
ammā *ġurūrak zadê wi-ḥjat-innabi.

N.

244. fī dimmeti, jā sī Amīn, sallimtê lak,
ma-ntā bašar bēn errigāl, entā malak.
245. tōba ꜥalā īdak ba:ā min elġurūr
ḥa:i:atan innak baṭal :awī gasūr.

Am.

246. maꜥlūm baṭal!

N.

min ġēr kalām baṭal ṣaḥīḥ,
wi-lli ḥaṣal minnī biḥa::ak muš meliḥ.

Am.

247. mā fīš kalam.

N.

mā fīš kalām wa lā ḥadīt,
lammā balaġnī himmetak, baꜥdēn risit.
248. wi-nziltê lak ꜥan eṭṭalab birimmetuh
wi-llī maḍā futtuh wī ibrēt dimmetuh.

Am.

249. ꜥamaltê ṭajjib.

N.

bassê jikfa wi-ssalām
dī binte ḥurra mā ꜥalēhā šē malām.

Die neunte Scene.

Am., N. u. J.

Am. zu N.

Willst Du noch einen Brief senden und fest verschliessen?
Und ihn in einen seidenen Beutel legen und ausschmücken?
Machst in ihm Deine Sehnsucht kund und ärgerst Dich nachher?
Und Deine Sache wird beim Anblick klar und offenbar.
Höre nun damit auf und koste auch Dein Salz[1])
Und sage nicht, ich liebe die oder das.
Ihr Herz da ist von Liebe für mich erfüllt, mein Junge,
Deine Illusion war zu gross, beim Leben des Propheten!

N.

Bei meiner Ehre, Herr Amin, ich trete sie Dir ab,
Du bist kein Mensch unter den Männern, Du bist ein Engel.
Vor Dir bereue ich meine Illusion.
Wirklich Du bist ein sehr kühner Held.

Am.

Gewiss ein Held!

N.

Ohne Widerrede ein wahrer Held
Und was von mir gegen Dich begangen, war nicht schön.

Am.

Kein Wort darüber!

N.

Kein Wort darüber und Gespräch!
Als ich Deinen Eifer gewahr wurde, da hielt ich an[2]).
Und ich verzichtete für Dich auf den Wunsch gänzlich
Und was vergangen war, liess ich und befreite das Gewissen davon.

Am.

Du thatest gut.

N.

Genug nun und zu Ende.
Dies ist ein edles Mädchen, und an ihr ist nichts zu tadeln.

[1]) D. h. werde klug.
[2]) Warf ich den Anker, wurde unbeweglich.

250. elḥa::ê bīdhā fi-zzacal da-llī ḥaṣal,
w-ahō gawābī zaijê mā gibtuh waṣal.

Am.

251. kalām melīḥ.

N.

w-anā kamān :albī salā
wa lā ba:ā adnā cašam fīhā wa lā,

252. lākinnâ min luṭfak wi ẓarfak wi-lkaram

tismac kalām cāši: min-ilḥubb-inḥaram

253. wi-lciš:ê min :albuh cala-rraġm-insalab

wi-staulit-ilↄaḥzān calêh wi-uta-ssabab.

254. acmil murūↄa-u ḫuṣṣêhā b-azka-ssalām
wī :ul-lahā canni anā āḫir kalām.
255. fātet talāt-ušhur w-anā makwī bihā
wi zaijê cēnēja fuↄādī ḥabbêhā.
256. lakinnâ cumri fī ḍamīrī mā ḫaṭar
min aglêhā fi-lbālê šē wī fīh ḫaṭar
257. illā hawā cuzrī na:ī ḫāliṣ naḍīf
min :albê ṣāfī :addê mā ji:dar cafīf.

Am.

258. ṭajjib.

N.

wī ḥēs innâ-lfuↄād kān mal lahā
wī kānê ma:ṣūdī an-azzauwig bihā,
259. lākin raↄet eljōmê bak mitwallifa
fa :ultê lil:alb-irtigic canhā, kafa.

Am.

260. barḍuh kalām ṭajjib.

Sie hat das Recht zum Zorne, den sie fühlte[1],
Und da ist mein Brief, wie Du ihn gebracht hast, angekommen.

Am.

Ein gutes Wort.

N.

Und auch mein Herz hat sich getröstet,
Nun ist mir auch nicht die geringste Hoffnung mehr auf sie geblieben, noch sonst etwas.
Aber mit Deiner Gefälligkeit, Deiner Freundlichkeit, Deinem Edelsinne,
Sollst Du die Rede eines Liebenden hören, dem die Liebe verboten wurde,
Und dem die Leidenschaft gegen seinen Willen aus seinem Herzen gerissen ist,
Und den die Kümmernisse bewältigt haben, und Du bist die Ursache.
Sei so grossmütig und bring ihr meinen ergebensten Gruss,
Und sag ihr von mir die letzten Worte
Drei Monat sind vergangen, und ich war in sie verliebt,
Und wie meine Augen, so hat mein Herz sie auch geliebt.
Aber nie in meinem Leben kam mir in meinen Gedanken
In Bezug auf sie etwas in den Sinn, worin Gefahr gelegen hätte.
Nur eine platonische, fleckenlose, lautere, reine Liebe
Aus einem unberührten Herzen, so keusch wie es nur sein kann.

Am.

Gut.

N.

Und weil mein Herz ihr zugeneigt war,
Hatte ich die Absicht, mich mit ihr zu verheiraten.
Aber heut' sah ich, dass sie Dir traut ist,
Und da sagte ich zu meinem Herzen: kehr' von ihr zurück, es ist genug.

Am.

Ebenfalls gute Worte

[1]) Welcher sich einstellte.

N.

w-anā min baʿdê de,
lammā wiṣilnā fi-lkalām lilḥaddê de,
261. zāl elʿašam minhā wi hī fī fikrêtī
wi kullê jōm fīhā tiginī sakrêtī.
262. wi-n kunt aʾāsī fi-lhawā kull-ilʿazāb,
mā bassê aslāhā wa lau zurt etturāb.
263. wa lā henāk mānic ṣiġīr wa lā kibīr
illā murāʿāt ḫāṭirak, jā si-lʾamīr.

Am.

264. amma-lkalām, ellī ḥakētuh, ʿan jaʾīn,
kulluh kalām ʿuʾlā wi nās mutʾaddibīn.
265. laḥkīh lahā bilḥarfê wi-ntā fuḍḍêhā
jiktā baʾā mā ʿuttê titʿallaʾ bihā.
(wi juḫrug.)

elmanẓar elʿāšir.

Am. waḥduh.

266. wallāh ʾawī ṣiʿib ʿalēja da-lgadaʿ,
inhattê wāṣil wi-lʿašam minnuh-nʾaṭaʿ
267. wi rāḥ wi ʾalbuh bilhawā makwī malan
wa lā baʾā jiʾūl felāne au felān.
268 lākin ʿalēh elḥaʾʾê, ḥēs innuh ʿirif
biʾannâhā tiḥibbīnī, lēh jiḥtirif?
(wi jiḫabbaṭ ʿala bētuh.)

elmanẓar elḥadī ʿašar.

Am. wi Z.

Am.

269. ḥaʾʾa-lgadaʿ da ma raʾētšī waṣfetuh,
aḫd-ilgawāb minnī wi hu fī kasfetuh.
270. gāhid wi lammā šāfê nafsuh ma-ntaṣar,
ʾaṭʿ-alʿašam wāṣil wi ʿannik iʾtaṣar.
271. wi-rgiʿ jiḥallifnī biʾaiman-*ilʾatīl
wi ʾal aʾūl lik ʿalkalām wa lau ṭawīl,

N.

Und nach dem,
Da wir im Gespräch soweit gekommen sind,
Hörte die Hoffnung zu ihr auf, doch ist sie in meinen Gedanken,
Und jeden Tag befällt mich ihretwegen tiefes Weh.[1])
Und wenn ich alle Qualen der Liebe ertragen sollte,
Nicht könnte ich sie vergessen, auch wenn ich im Staube läge[2]),
Und dafür ist kein Hindernis, kein kleines oder grosses,
Ausser die Rücksicht auf Dein Gemüt, mein edler Herr!

Am.

Die Worte, die Du gesprochen, sicherlich,
Sie alle sind die Rede von verständigen und gebildeten Leuten.
Ich werde sie ihr buchstäblich erzählen, und Du lasse die Sache.
Es genügt nun, hänge Dich nicht wiederum an sie an.

(Und er geht heraus.)

Die zehnte Scene.

Am. allein.

Bei Gott, der Bursche thut mir furchtbar leid,
Er ist ganz gebrochen und die Hoffnung ist ihm abgeschnitten,
Und er ging, und sein Herz, von der Liebe verbrannt, ist ganz voll,
Und nicht mehr nennt er die oder das.
Aber das Recht ist gegen ihn, da er ja wusste,
Dass sie mich liebt; warum verletzt er das Recht?

(Und er klopft an seinem Hause.)

Die elfte Scene.

Am. u. Z.

Am.

Wahrhaftig, dieser Bursch ich sah nicht seines Gleichen,
Er nahm den Brief von mir und ärgerte sich.
Er hat sich bemüht und als er sah, dass seine Sache nicht siegt,
Gab er die Hoffnung gänzlich auf und wandte sich von Dir fort,
Und er kehrte zurück, um mich mit den Eiden des in Lebensgefahr schwebenden schwören zu lassen,
Und sagte ich solle Dir seine Rede vortragen, wenn sie auch lang sei

[1]) s. W.
[2]) D. h. tot wäre.

272. biꜣannê luh šahrēn talāte minṭawi
calā fuꜣād min nārê ḥubbik minkawi
273. wî innê fî bāluh biḥubbik lau ḫaṭar
*wārid wa illā šē jikûn lik fîh ḫaṭar.

274. wî innê ꜣalbuh wi-lfuꜣād birimmetuh
māl lik, wî kān ꜣaṣduh tikûnî ḥurmetuh.
275. lākin raꜣāki-ljōmê bi mitwallafa
fa ꜣāl liꜣalbuh, irtigic, nānā kafa.
276. wi-n kān jiꜣāsî fi-lhawā kull-ilcazāb
mā bassê jislākî, wa lau zār etturāb,
277. wa lā henāk camik mawānic timnacoh
illā murācātuh ḫuꜣūꜣî-traggacoh.
278. ṣicbet calējā, jā Ẓarîfa, ḥāletuh
ḥattā baꜣēt abkî w-anā baḥaddituh.

Z. bišwēš.

279. mā ḥābê ẓanni fîhê, da-ilḥelw-ihanî

kām bānê min cēnêhî innuh-jḥibbînî.

Am.

280. bitꜣūli ēh?

Z

baꜣûl cala šān ma-krahuh,
tišfaꜣ cala ḥaluh wa la tisaffiluh!

Am.

281. huwā anā aẓhartê au bajjantê luh?
da fîh ġarām, meskînê jimkin jiꜣtiluh.

Z.

282. jibꜣā kamān mā jiḥḍirakši-lli nawāh
wi-lꜣaṣdê jisraꜣni wi jigcalni dawāh.

283. wi mîn jiꜣîš min bacdê da-lꜣār, jā salām?
abꜣā fi wusṭ-innāsî curḍa lilmalām.

Am.

284. ēh, ēhî?

Dass in ihm seit zwei, drei Monaten ein Herz ist,
Das vom Feuer Deiner Liebe verbrannt ist,
Und dass ihm bei der Liebe zu Dir niemals
Ein Hintergedanke oder irgend etwas in den Sinn gekommen
wäre, worin für Dich Gefahr gelegen hätte,
Und dass sein Herz und die Seele Dir ganz geneigt wären
Und dass seine Absicht war, dass Du sein Weib würdest.
Aber er sah heute, dass Du mir vertraut bist,
Und sagte zu sich selbst, kehr' um, nun ist's genug.
Und wenn er in der Liebe alle Qualen ertragen sollte,
Er würde Dich nicht vergessen, selbst wenn er im Staube läge.
Und keine Hindernisse hielten ihn hier von Dir zurück,
Wenn ihn nicht seine Rücksicht auf meine Rechte abhielten.
Seine Lage, oh Ẓarīfa, that mir so leid,
Dass ich geweint habe, während ich mit ihm sprach.

Z. leise.

Nicht hat mich meine Meinung über ihn, diesen Süssen,
Glückverheissenden getäuscht.
Wie sichtbar war's an seinen Augen, dass er mich liebt!

Am.

Was sagst Du?

Z.

Ich sage, warum ich ihn hasse,
Während Du mit seinem Zustand Mitleid hast und ihn nicht
für thöricht erklärst.

Am.

Hab' ich es ihm gezeigt oder merken lassen?
Der da hat in sich eine Sehnsucht, der Arme, möglich, dass
sie ihn tötet.

Z.

Du weisst noch nicht, was er beschlossen hat.
Die Absicht ist, er will mich rauben und aus mir sein Heil-
mittel machen.
Und wer lebt noch nach solcher Schande, oh Gott?
Ich bin dann mitten unter den Leuten eine Zielscheibe des Tadels

Am.

Was, was?

Z.

aiwa-ljōm balaġnī ɛan ḫabar
:āsi wi jitrattib ɛalēh linā ḫaṭar,
285. innuh ḥalaf bidimmetuh wi dimmetī
biɔannhu[1]) jisra:nī w-anā fī faršetī.
286. ɛala-lḫuṣūṣ lammā simiɛ, inn-ilgawāz
min baɛde gumɛa rāḥ jikūn baɛd-ilgahāz.
287. wāgib ɛalēk innak ti:addim muddetuh
wi bilɛagal nudḫul wi *niḫfī *liɛbetuh.

Am.

288. mā tṣadda:īš!

Z.

ḥa::an ẓahar minnuh-ṣṣalāḥ
wi kulle šējē jifɛaluh, jib:ā mebāḥ.

Am.

289. ummāl a:ūl lik ēhī?

Z.

bass enta-mmaɛoh:
fiḍilte min ḍiḥkak kidā tiṭammaɛoh.
290. lau kunte tiḥkī gadde, kān ḥišim wi ḫāf

wa lā mišī marra maɛānā *bilḫilāf,
291. illā kamān baɛd-ilgawāb, elli-rsaluh,
abṣar ba:a-nḍur, ēše bidduh jifɛaluh!
292. wi-kmān balaġnī inne ɛanduh iɛti:ād
biɔanne luh ɛandī menāzil fi-lfuɔād
293. wi-nnī arīd eljōme anfuḍ :išretak
w-aḥibbe aḫrug di-lwa:ēt min ɛišretak.

Am.

294. ammā ṣaḥīḥ magnūn.

Z.

walākin ma:ṣaduh,
innuh *jidukk-issahme fīk wi-jnaffiduh

---

[1]) Aus metrischen Rücksichten statt biɛinnuh.

Z.

Ja heute erhielt ich eine harte Nachricht,
Auf der für uns eine Gefahr beruht.
Er hat bei seiner Ehre und der meinen geschworen,
Dass er mich rauben würde, während ich in meinem Bette wäre,
Besonders als er hörte, dass die Heirat
Nach einer Woche stattfinden würde nach der Vorbereitung.
Deine Pflicht ist es, dass Du ihre Frist verkürzest
Und dass wir eiligst in den Ehestand treten und seinen Streich vereiteln

Am.

Glaub' es nicht!

Z.

Wahrhaftig, von ihm sah man nur Gutes!
Und alles, was er thut, erscheint erlaubt.

A.

Was soll ich Dir denn sagen?

Z.

Hindere ihn nur!
Durch Dein Lachen hast Du ihn so kühn gemacht.
Wenn Du ernst zu ihm gesprochen hättest, hätte er sich geschämt und gefürchtet
Und hätte nicht einmal uns zum Trotz gehandelt,
Sogar noch nach dem Brief, den er gesandt hat,
Weiss ich's?[1]) sieh zu, was er thun will!
Und ich habe noch erfahren, dass er des Glaubens ist,
Dass er in meinem Herzen einen Platz hätte,
Und dass ich jetzt Dich[2]) abschütteln will
Und zur Zeit gern aus Deiner Gesellschaft fortkommen möchte

Am.

Es ist richtig, er ist verrückt.

Z.

Aber es ist seine Absicht,
Gegen Dich den Pfeil aufzulegen und Dich mit ihm zu treffen.

---

¹) أَبْصَر بقا sehe ich es, in Syrien gebräuchliche Redensart.

²) Eigentlich: Deine Rinde.

295. lammā tikūn ꜥanduh, jidan jidahlizak[1])
wi-jkarrimak fī ḥadretuh wi-jꜥazzizak.
296. ūꜥā tiꜣāmin luh, da bidduh jiftinak,
jilꜥab bimuḫḫak fi-lkalām wi *jiḫtinak
297. wi mīn ba:ā luh ꜥalꜣamāꜣir dī galad?
min ḥajjê ma-*štāꜥit binā ahl-ilbalad!

Am.

298. bass inti mā-tḫāfīš.

Z.

da lāzim tiḫzimuh
wi-tgīb ligām zaijī-lḥumar wi-tlaggimuh.

299. ḥallīn-ašūf lī jōm ṣabaḥ ꜥarḍī *šalam,
da-lꜥarḍê mā jirgaꜥ linā iza-nsalam.

Am.

300. lāzim aruḥ luh di-lwu:ēt wī *ašfuruh.

Z.

lāzim kamān tiꜥannifuh wi-tꜥazziruh.[2])

Am.

301. bass iskutī!

Z.

adīn abō fi-lꜣintiẓār,
ūꜥā kamān ti:bal ḥigag wa-lla-ꜥtizar
S. 172.
302. wi-rgaꜥ :awamak bilꜥagal, laglin[3]) arāk,
aḥsan anā ma:dārš aꜥīš sāꜥa balāk.

Am.

303. ḥāḍir ꜥalā ꜥēni wi rāsi mā agīb,

wallah-lkalam, jā minjeti, kalām ḥabīb.

---

[1]) s. D. u. V. Z. L.
[2]) s. D.
[3]) لأجل أن.

Wenn Du bei ihm bist, schmeichelt er Dir fortwährend,
Er ehrt Dich in seiner Gegenwart und hält Dich wert.
Hüte Dich ihm zu glauben, er wird Dich täuschen,
Er spielt mit Deinem Verstande in der Rede und beschwatzt Dich[1]).
Und wem bleibt bei solchem Thun Geduld?
Wie oft haben die Leute aus der Stadt laut von uns gesprochen!

Am.

Fürchte Dich doch nicht.

Z.

Es ist nötig, dass Du ihm ein Loch durch die Nase bohrst
Und ihm einen Zügel durchgiebst, wie dem Esel, und ihn aufzäumst.
Lass mich, ich sehe eines Tages meine Ehre befleckt.
Die Ehre kehrt nicht zurück zu uns, wenn sie schartig geworden ist.

Am.

Es ist nötig, dass ich zu ihm gehe und ihn heruntermache.

Z.

Es ist auch nötig, dass Du ihm harte Worte sagst und ihn heftig tadelst.

Am.

Schweig nur!

Z.

So bleib ich in Erwartung.
Hüte Dich auch Entschuldigung anzunehmen oder Abbitte!

Und kehre schnell eiligst zurück, damit ich Dich sehe,
Weil ohne Dich ich keine Stunde leben kann.

Am.

Zu Befehl, bei meinem Auge und meinem Kopfe, ich werde nicht lange fern bleiben.
Bei Gott, die Rede, oh Du mein Wunsch, war eine liebe Rede.

---

[1]) beschneidet Deinen Geist.

elmanẓar ettanī ɛašar.

Am. waḥduh.

304. lillahī ma aḥla-lmewadda wi-lġaram
fī ḥubbē sittī-mḫaddara ṣāḥbet maɛam
305. adi-lbanāt lillī jirīd wa-llā balāš,
ḥurra naɛīja zaijēhā ɛūl mā baɛāš!
306. dī aġlab-inniswānē ṣāret kullēhā
ja-llah-ssalāma rabbēnā jiɛlam bihā.
(summa jiḥabbaṭ ɛalā bāb Noṣēr)
307. mā *bār ɛalēna-ljōmē illā da kamān.
ṭāliɛ ɛalā fārɛuh henā ja-llah-lɔamān!

elmanẓar ettālit ɛašar.

N. wī Am. wī J.

N.

308. jā baltarā-š gabak kamān wi šajjaɛak?

Am.

gēt min fiɛālak laglī atḫāniɛ maɛak

N.

309. w-anāš ḥaṣal minnī?

Am.

ḥaṣal minnak ketīr.
dana ɛablē¹) dā kunt aḥsibak gadaɛ *amīr.
310. fuḍḍlak min-ittazwīɛ maɛāja fi-lkalām
wi-ẓhir linā aṣl-ilmeḥabbī wi-lmarām.
311. billuṭfī ɛāmiltak wī ɛult inn-aṣṭibir
wi-ntā ɛalā manta ɛalēh, mā tiɛtibir
312. tiɛmil ɛalēja *baṣṭaliga, jā gadaɛ,
ammā ḥaɛīɛ innak walad ṣāḥib bidaɛ.
313. biddak tiḥāmirnī wī tisraɛ ḥurmetī
bukra tibān lak himmetak min himmetī.

N.

314. magnūnē, min elli-ḫbarak ɛan da-lkalām!
hū gaddē wa-llā šē raɔētuh fi-lmanām?

¹) متفاعلن

Die zwölfte Scene.

Am. allein.

Bei Gott, wie ist die Liebe und die Verliebtheit süss,
Wenn man eine wohl bewachte, würdige Dame liebt.
Das sind die Mädchen für den der will, oder gar keine,
Edel und rein wie sie ist, sag', das giebt es sonst nicht mehr!
Die meisten von den Frauen sind alle —
Gott schütze uns, Gott unser Herr kennt sie.

(Dann klopft er an die Thür Noṣērs.)

Nichts blieb gegen uns heute als das noch.
Er treibt es hier auf die Spitze, Gott behüte uns.

Die dreizehnte Scene.

N., Am. u. J.

N.

Was brachte Dich nochmals her und schickte Dich?

Am.

Ich kam infolge Deines Thuns, um mit Dir zu zanken.

N.

Und was geschah von mir?

Am.

Von Dir geschah viel.
Vor dem da hielt ich Dich für einen braven Burschen.
Lass die Schönrednerei mit mir im Gespräch
Und zeig uns den Ursprung des Verborgenen und die Absicht.
Mit Güte habe ich Dich behandelt und sagte ich will abwarten,
Doch Du bleibst so, wie Du bist, und lässt Dich nicht warnen.
Du brauchst gegen mich die raffinierteste List, oh Bursche.
Ja es ist wahr, Du bist ein verschlagener Mensch,
Du willst mich überlisten und mein Weib stehlen.
Morgen wirst Du meinen Eifer und den Deinen sehen.

N.

Verrückt, wer ist es, der diese Nachricht Dir mitgeteilt!
Ist's Ernst oder etwas, das Du im Traum gesehen hast?

Am.

315. hījā Ẓarīfa-lli-ḫbaretni-bnafsĕhā,
ḥatta-lgirān-ilkullĕ simɛū ḥissĕhā.
316. wī arsaletnī lak wī :ālet iḫbiruh,
w-izā tawa::af, ġaṣbĕ ɛannuh ugburuh.

317. wī innâhā ma-tmīl liġērī bassĕ jōm,
wa lau jiṣabbaḥ dammĕhā ɛalɔarḍe ɛōm.
318. jikfā kalām fāriġ ba:ā wa *ɛaknina
hataktīnā, ja-bn-ilḥalāl, garrastīnā.[1])

N.

319. in kān kidā :ālet, anā :albi-nšaraḥ
wi ṭābĕ baɛd in kānĕ fīhā ingaraḥ.
320. wa lā ba:ēt aḥkī kalām wa lā ašīɛ,
wi zaijĕ ma-btūmur[2]), anā samīɛ muṭīɛ.

Am.

321. ḥattā kamān in kānĕ biddak *ti:tanīɛ
wi min ḥanakhā nafsĕha-trīd tistimiɛ
322. biɔamĕhā tiḥibbīnī wī tikrahak
wi-tɛizzīnī ketīr :awī wi-tsaffīhak,
323. jallāh binā fī bētĕna-nrauwaḥ sawā
wi-tšūf fuɔādhā fīkĕ au fīja-nkawā.

(summa jitwaggahū wi jiḥabbaṭ Am. ɛalā bĕtuh.)

elmanẓar errābiɛ ɛašar.

Z. wī Am. wi N. wī J.

Z.

324. wi-kmānĕ gājbuh lī wī :aṣdak bassĕ ēh?
entā ɛalējā rāḥ tigī wa-lla ɛalēh?
325. biddak ašūfuh laglī mā-tzīd raġbetī
wī *tinšibik buh ġaṣbĕ ɛannī muhgetī?

Am.

326. el:aṣdĕ, jā rūḥi-nnĕ :ōlī ma-stamaɛ,
bī:ūl ɛalējā lilkalām dā iḫtaraɛ

[1]) Sonst wird an solchen Stellen ن also جرستنا geschrieben.
[2]) Ursprünglich ma-btuɛmur.

Am.

Zarifa ist's, die es mir selbst mitgeteilt hat,
So dass die Nachbarn alle ihre Stimme gehört haben.
Sie sandte mich zu Dir und sagte, benachrichtige ihn,
Selbst wenn er in seinem Sinn verharrt, zwing ihn, gegen seinen Willen.
Und sie ist keinem anderen zugeneigt als mir, auch nur einen Tag,
Auch wenn er ihr Blut auf der Erde schwimmen liesse.
Genug der leeren Rede und des Verdrusses,
Du hast uns in üblen Ruf gebracht, Du schlechter Mensch,[1] Du hast uns entehrt.

N.

Wenn sie so gesprochen hat, ist mein Herz erfreut
Und geheilt, nachdem es durch sie verwundet war.
Und nicht will ich ferner darüber reden und es verbreiten,
Und wie Du befiehlst, so gehorche ich und gehorsame.

Am.

Sogar wenn Du Dich überzeugen willst
Und es aus ihrem Munde selbst zu hören wünschest,
Dass sie mich liebt und Dich hasst
Und mich sehr wert hält und Dich für unverschämt erklärt,
Vorwärts gehen wir zusammen in unser Haus,
Und Du wirst sehen, ob ihr Herz für Dich entbrannt ist oder für mich.

(Dann gehen sie fort und Am. klopft an sein Haus.)

Die vierzehnte Scene.

Z., Am., N. u. J.

Z.

Jetzt bringst Du ihn mir sogar her, was ist denn deine Absicht?
Willst Du Dich gegen mich wenden oder gegen ihn?
Willst Du, dass ich ihn sehe, damit mein Verlangen erwache
Und sich mein Herz ihm gegen meinen Willen hingiebt?

Am.

Die Absicht, meine Seele, ist, dass er auf meine Worte nicht hörte.
Er sagt von mir in Bezug auf Deine Rede, er hat sie erfunden.

---

[1] eig. Sohn der Guten, hier ironisch.

327. wi-nni baʔul-bi-zzurê innik tikrahih
wa lā tiḥibbi fardê šaɛra bassê fih.
328. ɛaššān kidā gibtuh tizul ɛamma-ššubah

wi-jkun kamāni *raʔ liɛaʔluh wi-ntabah.

Z. li N.

329. huwa-nta ɛandak šakkê fi-llī bazkuruh
wa-llā aʔim burhān ɛalēh w-afassaruh?

N.

330. lamma raʔet. ellī ḥakah, ma jinḥiki
wi hū ɛala-lkilme jiʔul wi jittiki,

331. eššakkê zad ɛandi. walakin di-lwuʔēt.
lammā nadah li-ljōm wi fī bētik atet.
332 simiɛtê amrik wi-ltazamt-ilʔimtisal
w-ahō balaġni maʔṣadik ɛalkullê ḥāl.

Z.

333. la la. ahō bard-ilkalām. elli ḥakah.
hūwā kalami-brimmetuh muš min maɛāh.
334 wi dā gamiɛuh lagli jiḥṣal li ṭamān
wi tittiḍiḥ kull-ilʔumur lina kamān.
335. w-ādīn aʔul di-lwaʔtê laglin tifhamu
wi-tḥaʔʔaʔu-ddaɛwa hena wi tiɛlamu.
336. biʔamēkum litnenê elli ḥāḍirīn
hukum manazil fi fuʔadi-mġajirin.
337. waḥid aḥibbuh zaijê ɛeni w-aɛšiʔuh
wi akrah-ittāni wi biddi alṃiʔuh.
338. wi-lli aḥibbuh, luh biʔalbi manzila.
lamma ašufuh tiɛtirini zilzila
339. wi ll-akrahuh. jibʔa iza jom insamā
zaiju-*ṭṭurāš. lamma ašufuh wi-lɛama.
340. w-aridê in elli aḥibbuh-ggauwizuh,
muš hu jigahhizni. ana-ll-agahhizuh:

Und dass ich fälschlich sage, dass Du ihn hassest
Und dass Du nicht ein Haar an ihm liebest.
Deshalb brachte ich ihn her, dass über uns die Zweifel aufhören
Und dass er sich beruhige und wieder zu sich komme.

Z. zu N.

Hast Du noch einen Zweifel über das, was ich denke,
Oder soll ich einen Beweis hierfür beibringen und es aufklären?

N.

Als ich sah, dass was er erzählt hat, nicht glaubbar war,[1]
Obwohl er auf jedes einzelne Wort Nachdruck legte und es betonte,
Wurde der Zweifel bei mir gross, aber jetzt,
Als er mich heute rief, und ich in Dein Haus kam,
Hörte ich Deinen Befehl und legte mir Gehorsam auf
Und nun begriff ich Deine Absicht für jeden Fall.

Z.

Nein, nein, dieselben Worte, die er gesagt hat,
Sind gänzlich meine Worte, sie kommen nicht von ihm.
Und dies alles geschieht, damit ich Sicherheit erhalte,
Und alles auch uns klar werde.
Hier sage ich jetzt, damit Ihr es versteht
Und die Sachlage constatiert und kennen lernt,
Dass Ihr zwei, die Ihr hier gegenwärtig seid,
Entgegengesetzte Plätze in meinem Herzen einnehmt:
Einen lieb ich wie mein Auge und er ist mir teuer,
Den zweiten hasse ich und möchte ihn erwürgen.
Und den ich liebe, der hat einen Platz in meinem Herzen,
Wenn ich ihn sehe, ergreift mich Zittern.
Und den ich hasse, wenn der eines Tages genannt wird,
Ist mir's wie Taubheit, und wenn ich ihn sehe, wie Blindheit.
Und den ich liebe will ich heiraten,
Und er braucht mich nicht auszusteuern, sondern ich bin's, die ihn aussteuert.[2]

---

[1] Nicht möglich, dass es erzählt wird.

[2] Ihre Liebe ist so gross, dass sie ihm die Kosten der Aussteuer ersparen will.

341 wi-ll akrahuh. lau muttĕ. ma-ꜥzudši maꜥah

w-akaddibuh fi-lḥubbĕ. lau jōm iddaꜥah.

342. lakinnâ jikfana kalam wi *la laꜥa
wi-mn-ilꜥazab da kullĕ jom jikfa baꜥa:
343. elli aḥibbuh. jigtihid fi-lꜥigtimaꜥ
wi jimmaꜥ-attani. wi jiktana nizaꜥ.

Am.

344. wallāhi jā ḥelwa laꜥaggil bik ꜥawam.

Z.

w-anā kaman jirtāḥĕ ꜥalbī wi-ssalam.

Am.

345. larraijaḥik, ja nūr ꜥujuni, ꜥan ꜥarīb.

Z.

w-ana kaman min di-lmaraḍ ꜥalbī jiṭīb.
346. ġilibtĕ sakta-lkum w-aꜥūl eš baꜥdĕ de?

wi-n kanĕ ꜥeb ꜥala-lbanat tiḥki kide.
347. lakinnâ bi-nnisba likull-illi gara.

lamma biꜥit gursa kibira-u *Šanšara.

348. wagab ꜥaleja-ṣunĕ ꜥarḍi w-anꜥizuh
w-aꜥajjin-illi maꜥṣadi agganwizuh.

Am.

349. wallah kalamik ḥaꜥĕ, ja nur-ilꜥujun.

Z.

aho ġer[1]) kida maꜥrafšĕ wi-lli-jkun. jikun.

X.

350. ꜥaẓim awi. aho-lkalam hena ẓahar
wi-ꜥriftĕ ꜥaṣdik bi-lkalam-illi-nzakar

351. wi-ššahṣĕ elli ṭulĕ ꜥumrik tikrahīh.
min baꜥdĕ saꜥa ma baꜥeti tuuẓurih.

[1]) مفاعلن.

Und den ich hasse, mit ihm lebte ich nicht zusammen, auch wenn ich sterben müsste,
Und ich werde ihn in der Liebe Lügen strafen, wenn er sie eines Tages behauptete
Aber genug der Rede und des Schwatzens
Und von diesen Qualen jeden Tag ist's nun genug.
Der, den ich liebe, soll sich bemühen uns zu vereinigen
Und den zweiten hindern; und nun genug des Streites.

Am.

Bei Gott, Du Süsse, ich werde mich schnell mit Dir beeilen.

Z.

Und auch mein Herz wird sich beruhigen, und dann gut.

Am.

Ich werde Dich bald beruhigen, Licht meiner Augen!

Z.

Und auch mein Herz wird von dieser Krankheit geheilt werden.
Ich war es müde gegen Euch zu schweigen, indem ich sagte, was wird nachher sein?
Wenn es Schande ist für Mädchen so zu sprechen,
So musste ich doch, in Rücksicht auf all' das, was geschehen ist,
Da die Sache eine grosse öffentliche Schande und Klatsch geworden ist,
Meine Ehre schützen und retten
Und den, welchen ich zu heiraten beabsichtige, bezeichnen.

Am.

Bei Gott, Deine Worte sind richtig, oh Licht meiner Augen!

Z.

Ausser diesem weiss ich nichts, und was geschehen wird, geschehe.

N.

Sehr gut, die Sache hier ist klar geworden,
Durch die Worte, welche gesagt wurden, weiss ich Deine Absicht.
Und die Person, welche Du Dein Leben lang hassest,
Wirst Du nach einer Stunde nicht mehr sehen.

Z. li N.

352 hijarê ma tiɛmil liɛanni la aṭi
anẓur ilēh fi-lbētê wa-lla fi-ṭṭari.

wi li Am.

353. ja haltara kull-ilkalām da jiɛgibak.
ɛultiš kalām jizaɛɛalak wi-jḫillê bak?

Am.

354. in kanê min šani, ana mabsuṭ ɛawi.
lakinnâ ṣaḥibna bašufuh miltawi.

355. wi lēh kidā, meskīn, ɛawi-zɛilti ɛaleh?

Z.

ummāl baɛa biddak kamāni aɛmil eh?

(wi truḥ)

Am. li N.

356. meskīn ɛawi ḫalak!

N.

ma bidi-tḥakkimet.

Am.

lā ḥol wa lā ɛuwa, ḫalāṣ wi ṣammimet

N.

357. w-ana kaman ḥes innê da aḫir kalam
lazim aṭawiɛhā w-asafir wi-ssalām.

Am.

358 meskīn ɛawi, bajin ɛalēk kutr-izzaɛal,

min kasfet-ilḥirmanê ɛalbak ištaɛal.

359. ḥud ḥudnê minnī ɛablê ma-truḥ wi-mabi

da ḥudnêhā, ḥudni jisallīk, ja ṣabi.

(summa jiɛaniɛuh)

elmanẓar elḫāmis ɛašar.

Z. wi Am.

Am.

360. amma Noṣēr ġalban!

Z. zu N.

Das beste, was Du thun kannst, denn ich ertrage nicht
Ihn im Hause zu sehen oder auf der Strasse.

und zu Am.

Vielleicht gefällt Dir diese meine ganze Rede,
Sagte ich Worte, die Dich ärgern und Dich verletzen?

Am.

Wenn es meinetwegen war, bin ich sehr zufrieden.
Aber ich sehe unsren Freund geärgert.
Warum erzürntest Du Dich so sehr über ihn, den Armen?

Z.

Was willst Du denn noch, das ich machen soll?

(Und sie geht fort.)

Am. zu N.

Deine Lage ist sehr traurig.

N.

Es ist nicht in meiner Hand, sie hat entschieden.

Am.

Keine Macht und keine Stärke (ausser bei Gott), es ist zu Ende, sie hat entschieden.

N.

Und ich auch, da das ihre letzten Worte sind,
Muss ihr gehorchen und fortgehen, und fertig.

Am.

Du sehr Bedauernswerter, der grosse Verdruss ist bei Dir sichtbar.
Vom Ärger über die getäuschte Hoffnung ist Dein Herz entzündet.
Lass Dich von mir umarmen, bevor Du gehst, und beim Propheten
Dies ist eine Umarmung von ihr, meine Umarmung wird Dich trösten, mein Junge.

(Dann umarmt er ihn.)

Die fünfzehnte Scene.

Z. u. Am.

Am.

Aber Noṣēr ist unglücklich (geärgert).

Z.
wi leh? eš ġallibuh?
Am.
ʿaššan ʿujunik kutrê šōʿuh ʿazzibuh.
361. w-ana kamān bukra laʿaggil bizzawag.
nana baʿā taḥir wi jikfānā lagag.
Z.
362. bitʿulê min bukra?
Am.
wi lēh bitizʿalí?
bukra tišufi-lḫērê lamma tudḫuli.

363. wí tuškurini zaijê mā-nā baškurik.
ġarši[1]-lḥajā min ilgawaz menaffarik?

(wi-jrah)
Z.
364. jā rabbê tilhinni biḥile tinmaʿoh
wi-n kānê luh adnā ʿašam bi, tiʿṭaʿoh.

Elkiṭʿa ettalite.

elmanẓar elʾauwal.

Z. waḥdēhā.
365. elmōtê ahwan li wa lā agganwizuh.
gat[2]) da *ḥanūti-jkaffinuh wi-jgahhizuh!

366. dilwaʿt adiḥna lel wa la ḥaddiš hena,
aruḥ binafsi lilḥabib agri anā.
367. afḍal kida-stannā wi bukra *anwiriṭ
wí tiḥṣal-iddaḫla wi baʿden atribiṭ.[3])

[1]) ġer še.
[2]) In derartigen Redensarten wird nach M O G der Femininform gebraucht.
[3]) ... VII s Sr.

Z.

Und warum, was hat ihn unglücklich gemacht?

Am.

Wegen Deiner Augen hat ihn seine grosse Sehnsucht gequält.
Ich nun will morgen mit der Hochzeit eilen,
Keine Verzögerung mehr, und genug der Widerwärtigkeiten.

Z.

Du sagst morgen?[1])

Am.

Und warum ärgerst Du Dich?
Morgen wirst Du das Gute sehen, wenn Du (in die Ehe) eintrittst,
Und Du wirst mir danken, wie ich Dir danke.
Ist's etwas anderes als die Scham, das Dich von der Heirat zurückschreckt?

(und er geht.)

Z.

Oh Gott, gieb mir eine List ein, die ihn hindert,
Und wenn er die geringste Hoffnung auf mich hat, so schneide sie ihm ab.

Der dritte Akt.

Die erste Scene.

Z. allein.

Der Tod ist leichter für mich, als dass ich ihn heirathen sollte,
Möchte doch ein Leichenbesorger kommen ihn[2]) ins Leichentuch zu hüllen und zurecht zu machen!
Jetzt sind wir bei Nacht, und niemand ist hier.
Ich gehe selbst zu dem Geliebten, ich laufe hin.
Soll ich hier warten und morgen compromittiert werden?
Es kommt die Brautnacht[3]), und dann bin ich gebunden.

[1]) dès demain.

[2]) näml. Amin.

[3]) eigentl. d. Eintritt ins Brautgemach.

elmanẓar ettānī.

Z. wi Am.

Am.

368. anā :awām rāgiɛ.

Z.

w-anā biddī arūḥ,
aḥsan maɛāja sirrê ḫáifa buh abūḥ.

369. wi-llī gabarnī ɛalḫurūg uḫtī Budūr,
ḫāifa ɛalêhā lā tirūḥ barrā tidūr.
370. ḥabastêhā gūwā ḥidānā fi-rriwā:
wi :ultê aḥsan min zaɛal wa-llā ḫinā:.

Am.

371. lēh bassê?

Z.

muš ɛiš:et Noṣēr wi ḥabbetuh?
wi ṭalla:et gōzha-l:adīm wi kabbetuh?
372. di-lwa:tê gat tiškī wi tibkī lī kamān
wi nazzilet min kullê ɛēn lahā *ḫifān
373. wi-t:ūl wa lau ji:aṭṭaɛūhā bi-ssujūf
mā-tfūt Noṣēr wi-tfaḍḍaluh ɛalā ulūf,
374 wi-lhā ɛalā di-lḥālê min muddet sane
meɛalla:a buh :albêhā wi-mgannine.

Am.

375. ah di-l:abīḥa!

Z.

ḥīn ɛamalna-llī ḥaṣal,
lammā ṭaradnāh min ḥidānā wi-nfaṣal

376. wi ḥīn balaġha-nnuh mesāfir min henā[1]),
gat lī :awām tigrī ḥazīna-*mɛaknina

[1]) sonst pflegt des Reimes wegen عنى zu stehen.

Die zweite Scene.

Z. u. Am.

Am.

Ich bin schnell zurückgekehrt.

Z.

Und ich will gehen,
Denn ich habe ein Geheimnis, welches zu offenbaren ich mich scheue,
Und die mich zum Ausgehen gezwungen hat, ist meine Schwester Budūr.
Ich fürchte für sie, dass sie hinausgeht und herumläuft.
Ich schloss sie drinnen bei uns im Salon [1]) ein
Und sagte, das ist besser als Verdruss und Streit.

Am.

Warum nur?

Z.

Hat sie sich nicht in Noṣēr verliebt und ist für ihn entbrannt?
Hat sie ihren alten Gatten nicht verlassen und abgeschüttelt?
Jetzt ist sie gekommen, um mir zu klagen und zu weinen,
Und von jedem Auge liess sie eine Flut von Thränen fliessen.
Sie sagt, und wenn man sie mit Schwertern zerstückle,
Sie liesse nicht Noṣēr und zög' ihn tausenden vor,
Und dieser Zustand daure bei ihr seit Jahresfrist,
Sie hab' an ihn ihr Herz gehängt und sei verrückt.

Am.

Ha, die Schändliche!

Z.

Als wir gethan, was geschehen ist,
Als wir ihn von unserer Seite gejagt und er von uns getrennt war,
Und als sie vernahm, dass er von hier gegangen,
Kam sie gleich zu mir gelaufen, traurig und bekümmert,

---

[1]) Das grosse Zimmer im ersten Stock, für die Frauen bestimmt.

377. wi-t:ūl fi cardik, jā ḥabíbtí, tuczurí
wi-zā raɔētí cēb calējā tusturí,
378. wi šālet-iššibāk wí baṣṣet fi-zzu:ā:,
kān biddêhā tikallimuh min-irriwā:
379. wí :allidet ṣōtí kamān, jā cištenā
caššānê jismachā, ji:ūl hījā anā.
380. lammā racēthā :ult ana-lnafsi-ṭlací
cand-ilgirān mi:darê sāca wi-rgací.
381. ana lissa[1]) baḫrug illa wi-ntā gēt :awām
w-ādi-ssabab lí fí ḫurūgí wi-ssalām.

Am.

382. lākin anā mā lí wi māl[2]-uḫtik tigí
wi-ntí calā šānhā kamān lēh tuḫrugí?
383. jallāh calā bēthā tirūḥ wí tin:iric
ammā aḫūjā dā ṣaḥīḥ ca:luh ḫiric.

Z.

384. di-lwa:tê tuḫrug bassê minnak *tinkisif,
ḫallíkê middārí[3]) wí ūcā tinkišif
385. w-anā *azajjarhā, wí ḫallíhā tiruḥ,
wa-llā anaṭṭaḥā kamān min-issuṭūḥ.

Am.

386. ḫalli-lḫurūg milbāb w-adín fi-*ssandara
wa-lla-staḫabbā bilcagal fi-lmandara![4])

Z.

387. ūcā tikallimhā henā wa-llā tiban!

Am.

hūwā anā wāṣil ḥumār wa-llā gabān?
388. caššān cujūnik astaḫabbā fi-*lḥadír

---

[1]) متفاعلن

[2]) Zusammengezogen aus ما لى وما لأختك

[3]) مدارى entstanden aus mitdārí aus mutadari.

[4]) s. منظرة bei DBc.

Und sagt, bei Deiner Ehre, meine Liebe, entschuldige
Und wenn Du einen Fehler an mir siehst, decke ihn zu.
Sie schob das Fenster hoch und sah auf die Gasse herab,
Sie wollte mit ihm vom Salon aus sprechen.
Sie ahmte meine Stimme sogar nach, oh dass ich das erlebe,[1])
Damit er auf sie höre und sagen solle, sie sei ich.
Als ich dies sah, sagt' ich zu mir selbst, geh' heraus
Zu den Nachbarn auf ein Stündchen und komm' zurück.
Jetzt geh' ich grad hinaus, da bist Du schnell gekommen;
Das ist die Ursache meines Ausgehens und damit gut.

Am.

Aber was geht es mich an, wenn Deine Schwester kommt
Und weshalb willst Du sogar ihretwegen hinausgehen?
Vorwärs, sie geh' nach Haus und entferne sich,
Mein Bruder allerdings, das ist richtig, ist von Verstand schwach.

Z.

Sie geht jetzt heraus, nur schämt sie sich vor Dir,
Halte Dich hier versteckt und hüte Dich, Dich zu zeigen,
Ich will ihr den Izār[2]) anziehen, und Du lass sie gehen,
Oder ich lasse sie gar vom Dache herunterspringen.[3])

Am.

Lass sie zur Thür hinausgehen, und ich geh auf den Hängeboden
Oder verstecke mich schnell im Herrenzimmer.

Z.

Hüt' Dich mit ihr hier zu sprechen oder Dich zu zeigen

Am.

Bin ich denn ganz ein Esel oder Feigling?
Um Deiner Augen willen verberg' ich mich im Vorzimmer

---

[1]) eig. oh dass ich leben möchte, hier im Sinne von: oh dass ich es erleben muss, gebraucht, s. Sr.

[2]) Ein weisses oder schwarzes Tuch, in welches sich die Frauen auf der Strasse einhüllen.

[3]) d h. auf das Dach eines Nebenhauses.

wa-ll-*anditis au anbirim guwa-lḥaṣīr.
389. lākinnâhā min baɛdê mā-trūḥ di-lmara.
arūḥ laḫūjā aḫbiruh bi-llī gara.

Z.

390. mā-tgibšê sīrtī fi-lkalām wi-ḫjāt abûk,

aḥsan kamān tibɛā faḍīḥa ɛand aḫūk.
(wi-tḫušš.)

Am. waḥduh.

391. rūḥi-nti mā-tḫāfīš, wī emtā anẓuruh
wī *auɛibuh bi-llī garā wī aḫbiruh
392. w-aɛarrafuh nafsuh wī aurīh di-lbehīm

innuh bi afɛāl-innisā lissā ġašīm

Z. min gūwa-lbēt tikallim nafsêha.

393. w-allāhī, ja-ḫtī, innê ḥālik ġammīne,
lākin ɛamāɛil zaijê dī muš mumkine
394. wi-lɛarḍê mā jaḥmil kalām wi *laɛlaɛa.
jallāh ɛalā bētik ɛawām rūḥī baɛa.

Am. jiɛul wī hī ḫārga.

395. latarbis-ilbāb bilkalūn[1]) w-adauwaruh,

min ḫōfê mā tirgaɛ henā, w-asammaruh.

Z. tiɛūl wī hī ḫārga bišwēš.

396. jā rabbê tiḥfaẓnī wī fiɛlī tusturuh.
wī ḫāṭiri-lmaksūrê innak tugburuh.[2])

Am.

397 wallāhī latbaɛhā w-ašūf fēn ɛaṣdêhā.
wi-n kānê jimkinnī laḫūja-lruddêhā.

Z. tirūḥ ɛalā bēt N. wi-tɛūl.

398. elḥamdû lillāh-iẓẓalām gā lī dawā.
wi-llēlê da maḫlūɛ liɛarbab-ilhawā.

---

[1]) s. D. كالون

[2]) s. D. Bc.

Oder hülle mich und schlage mich in den Strohteppich ein.
Doch wenn dieses Weib fortgegangen ist,
Geh' ich zu meinem Bruder und teile ihm mit, was vorgefallen ist.

Z.

Erzähle nicht meine Geschichte[1]) im Gespräch, beim Leben Deines Vaters,
Sonst sieht Dein Bruder sie auch noch als Schande an.

(Und sie geht hinein.)

Am. allein.

Geh, fürchte Dich nicht; wann werd' ich ihn sehen,
Ihm erzählen, was geschehen, und es ihm mitteilen
Und ihn sich selbst erkennen lassen und ihm, diesem Vieh, zeigen,
Dass er in der Handlungeweise der Frauen noch ganz unerfahren ist?

Z. aus dem Innern des Hauses spricht zu sich selbst.

Bei Gott, meine Schwester, Dein Zustand hat uns sehr betrübt,
Aber Handlungen wie diese, sind nicht möglich,
Und die Ehre verträgt nicht Gerede und Klatsch.
Vorwärts geh' schnell jetzt nach Haus.

Am. sagt, während sie hinausgeht

Ich werde die Thür mit dem Schloss zusperren und den Schlüssel umdrehen,
Aus Furcht, dass sie hierher zurückkommt, und werde die Thür zunageln.

Z. sagt leise, während sie herausgeht.

Oh Gott, behüte mich und verbirg mein Thun,
Und meinen gebeugten Mut wirst Du aufrichten.

Am.

Bei Gott, ich folge ihr, und seh' was ihre Absicht ist,
Und wenn es möglich ist, so bring' ich sie dem Bruder zurück.

Z, geht zur Thür N.'s und sagt.

Gelobt sei Gott, die Finsternis kam mir als Heilmittel,
Und diese Nacht ist für die Liebenden geschaffen.

---

[1]) d. h. wie ich daran beteiligt bin.

Am. liwaḥduh.

399. ͨalbēt Noṣēr rāḥet, biͨēnī šuftêha,
jā rētênī *daːːētê fīha-u *ḥuštêha.

elmanẓar ettālit.

N. wi Z. wi Am.

N. wi hūa ḫārig mistaͨgil, jiːūl.
(Seite 179.)

400. wallāhi di-llēle laͨaͨmil ͨamleti,
w-asͨā w-abajjin lilḥabība himmetī.

401. mīn da-lli māšī?

Z.

jā Noṣēr balā *zaͨīː!
hījā Ẓarīfa-llī raͨēthā fi-ṭṭarīː.

Am.

402. w-allāhi jā bint-izzina-nti tikdibī,
tigajjarī ismik kamān wi tinṣibī.

Z.

403. bardī anā, ja-Noṣēr, Ẓarīfa!

N.

tislamī,
ja-llī biginh [1])-illēl maͨī titkallimī!

404. bukra wi dīni laͨmil-illi-fnījetī

w-āḫẓā biwaṣlik ͨāgilan, jā minjetī.

Am. liwaḥduh.

405. maǵšūšê jā meskīn!

N.

ːawāmak [2]) udḫulī,
jā sittê rūḥī, ːad tašarraf manzilī.

406. wallāhi lau gāni-*lͨazūl, *laḍaḥḍaḥuh

w-akattifuh zaiji-lḫarūf wi adbaḥuh.

[1]) s. D.
[2]) s. L.

Am. allein.

Ins Haus Noṣērs ging sie, mit meinem Aug' hab' ich's gesehen,
Oh dass ich sie ergreifen und zurückhalten könnte.

Die dritte Scene.

N., Z. und Am.

Noṣēr kommt eilig heraus und sagt

Bei Gott, in dieser Nacht führ' ich mein Vorhaben aus
Und bemühe mich der Geliebten meinen Eifer zu beweisen.
Wer ist es, der da geht?

Z.

Oh Noṣēr, keinen Lärm?
Ẓarīfa ist es, die Du auf dem Wege gesehen.

Am.

Bei Gott, oh Mädchen der Sünde, du lügst,
Du änderst sogar Deinen Namen und stellst Fallen.

Z.

Ich bin 's ja, oh Noṣēr, Ẓarīfa.

N.

Sei mir willkommen,
Die Du in dunkler Nacht mit mir sprichst!
Morgen will ich, bei meiner Religion, ausführen, was ich beabsichtige,
Und bald werde ich mich daran erfreuen, mit Dir vereint zu sein, mein Wunsch.

Am. allein.

Betrogen, Du Armer!

N.

Schnell komm herein,
Geh, Fräulein, meine Wohnung ist geehrt,
Bei Gott, wenn der Eifersüchtige zu mir käme, ich würde ihn in Stücke schlagen
Und ihn binden wie einen Hammel und abschlachten.

7

elmanẓar errābiↄ

Am. liwaḥduh.

407. maġšūšĕ di-lmeskīn wi mīn *jit:aṣṣaduh
wa-llā ↄan-iltāgra-lli zaijuh jibiↄduh?

408. lākin ↄalā šān bassĕ ḫāṭir uḫtĕhā
lasↄā w-agauwizhā w-aↄaddil baḫtĕhā

409. w-aktib kitābhā bilↄagal ↄalā Noṣēr
wa lā ↄalējā lōmĕ, ḫēs dā fiↄlĕ ḫēr.
(summa jiḫabbaṭ ↄalā bāb meↄāwin ettumn.)

elmanẓar elḫāmis

Am. wi-lmw. u wāḥid mz. u wāḥid ḫaddām bīduh fanus.

mw.

410. ēš elḫabar?

Am

minnī ↄalēk azka-ssalām.
el:amrĕ lāzim lak henā min ġēr kalām.

411. ↄandī :adīje bil:awī mistaↄgile,
mīn bassĕ fi-ddunjā jiḥibb *elbahdile?

412. wāḥid ġawā waḥda wī ↄanduh garrĕhā,
min baↄdĕmā majjil dimāgha-u ġarrĕhā,

413. wi ma:ṣadi *nikbis ↄalēhum di-lwu:ēt;
ↄaššān kide, jā si-lmeↄāwin kuntĕ gēt.

414. dī bintĕ nās niktib kitābhā wi-ssalām!

aḥsan kamān jiↄīš maↄāhā fi-lḥarām.

mw.

415. aho[1]) gambīna-lma:zūnĕ nibↄat nigbiduh[2]),
jiktib kitābha bilↄagal wi-j:ajjiduh.

Am.

416. in kān kida-stannā henāk w-uↄā tisīb
minnuh aḥad juḫrug w-anī muš raḥ agīb.

---

[1]) مُتَّفعلى

[2]) Umstellung von جذب

Die vierte Scene

Am. allein.

Der Arme da ist betrogen, doch wer soll sich darum kümmern?
Oder wer will ihn von der liederlichen, die so ist wie er, fern halten?
Aber nur um ihrer Schwester willen
Werd' ich mich bemühen und sie verheiraten und ihr Schicksal ins Gleichgewicht bringen
Und werde eiligst ihren Contrakt mit Noşēr schreiben.
Mich trifft kein Tadel, da dies eine gute That ist.

(Dann klopft er an die Thür des Polizeioffiziers.)

Die fünfte Scene.

Am., d. O., ein S. u. ein Diener mit einer Laterne in der Hand.

D. O.

Was giebt es?

Am.

Von mir für Dich den ergebensten Gruss!
Die Sache erfordert hier ohne Zweifel Deine Anwesenheit,
Ich habe einen Fall, der äusserst eilt,
Wer auf der Welt liebt denn die Schande?
Einer hat einer den Kopf verdreht und hat sie zu sich geschleppt,
Nachdem er ihr Herz gewonnen und sie getäuscht hatte.
Und meine Absicht ist sie jetzt zu überraschen;
Deshalb, Herr Offizier, bin ich gekommen.
Es ist ein Mädchen aus guter Familie, wir schreiben ihren Contrakt und damit gut.
Sonst lebt er noch in unerlaubter Verbindung mit ihr.

D. O.

Hier neben uns wohnt der Standesbeamte, wir lassen ihn holen,
Er schreibt ihren Contrakt in Eile und registriert ihn ein.

Am.

Wenn dem so ist, so warte dort und hüte Dich
Eine aus dem Haus gehen zu lassen, ich werde nicht lange fortbleiben.

417. wi marḥabā bak, ja efendī, labṣutak,
bass ūza wāḥid bi-ddarahim jūriṭak.

mw.

418. jib:ā kamān hī ḥaṣalet lilḥaddĕ de?
hūwā mezāun-ittumnĕ jin:āl luh kide?

Am.

419. elzafwĕ, muš el:aṣdĕ, uṣbur lamm-agī,
andah laḫūjā hū :arīb fi-lḥalwagī [1]).

(wi-jrūḥ.)

elmanẓar essādis.

Am. wī Ad.

Am. jiḫabbaṭ zalā bēt Ad.

Ad. ji§ūl.

420. mīn elli bijḫabbaṭ?

Am.

dana!

Ad.

entā Amīn?

Am.

lamma-nta zārifnī ti:ūl lī lēhī mīn?

Ad. jiftaḥ wi-j:ūl.

421. di-lwa:tĕ wi-š gābak?

Am.

anā bidd-afriḥak.

ḥāga ẓarīfa *titḥifak wi-*tbaḥbaḥak.

422. tizrafšĕ tiḥkī lī zalā sittī Budūr,
hījā henā wa-llā kamān rāḥet tidūr?

Ad

423. wi lēhī tiszalnī? di rāḥet fī faraḥ.

Am.

ḥa::an min-emta :albĕha fi hinšaraḥ?

---

[1]) حلوجى Name des Heiligen, dessen Grab in der gleichnamigen Strasse ist, die von der Rue neuve zur Azhar führt.

Zu Deinen Diensten, Efendī, ich werde Dich belohnen.
Nur hüte Dich, dass Dich einer durch Dirhems[1]) straucheln macht.

D. O.

So weit ist die Sache schon gekommen?
Spricht man so mit dem Offizier der Revierwache?

Am.

Pardon, es war nicht die Absicht, warte, bis ich komme,
Ich rufe meinen Bruder, der wohnt ganz nah im Ḥalwagi.

Und er geht.

Die sechste Scene.

Am. und Ad.

Am. klopft an das Haus Adhems.

Ad. spricht.

Wer ist's, der klopft?

Am.

Das bin ich.

Ad.

Bist Du Amīn?

Am.

Wenn Du mich erkannt hast, warum sagst Du zu mir „Wer ist da?"

Ad. öffnet und sagt

Zu dieser Zeit, was hat Dich hergebracht?

Am.

Ich will Dich erfreuen.
Eine angenehme Sache wird Dich zufrieden machen und Dir Vergnügen bereiten.
Kannst Du mir von Fräulein Budūr sagen,
Ob sie hier oder noch spazieren gegangen ist?

Ad.

Und warum fragst Du mich? Sie ist auf eine Hochzeit gegangen.

Am.

In Wahrheit, seit wann amüsiert sie sich dort?

---

[1]) Kleine Münze.

Ad.

424. wi-l:aṣdê ēh?

Am.

el:aṣdê ucā-tǵummêha,
la-ntā abūhā, jā aḫī, wa la[1]) cammêhā.

425. min ḥajjê ma-smicnā kalām minnak ketīr
wî kullê jōm tizca: calēnā bi-nnifīr,

426. wi-t:ūl kalāmhā, jā aḫī, cēn eṣṣawāb:
la-lḥabsê jinfachum wa lā kutr-ilcazāb.

427. wi-n kānê ḥījā bintê au kānet mara,
el:aflê wi-ttaḏji: calêhum masḫara,

428. wi-n kān hawāhā gā, bituḫrug waḥdêhā
wi-trūḥê titfaṣṣaḥ, izā kān biddêhā

429. wî fi-lfaraḥ wa-lla-lgenēne dī kamān
ti:dar tirūḥ liwaḥdêhā mac alɔamān.

430. ḥa::an kalām mauzūn wi minnuh-lɔiktisāb

wi-jcallim-ilɔinsānê aḥsan min kitāb.

Ad.

431. muš bassê tiḥkī lī? wî ēh :uṣr-ilkalām?

Am.

elbintê mā-lhā? mā calēhā šē malām.

432. enta-lli tafrīṭak camal fīhā kide.
hū ḥaddê, jā meskīnê, jicmil zaijê de?

433. :ūm šūf bicēnak, jittiḏiḥ lak baḫtêhā,
in kānê hī tiflaḥ wa illā uḫtêhā.

Ad.

434. barḏī maniš fāhim.

Am.

a:ūl lak caṣṣaḥīḥ
min aglī tiṭṭamin wî :albak jistarīḥ.

435. muš fī faraḥ, fī bēt Noṣēr memaddide!

Ad.

balā kalām fāriǵ wî *ḥūš rūḥak kide!

---

[1]) منفاعلن

Ad.

Und was ist die Absicht?

Am.

Die Absicht ist, Du sollst sie nicht betrüben!
Du bist ihr Vater nicht, mein Bruder, nicht ihr Onkel!
Wie oft haben wir nicht viele Red' von Dir gehört!
Und jeden Tag schreist Du es uns mit Trompetenstimme zu
Und hältst eine Rede darüber, mein Bruder, die Weisheit selbst:
Nicht das Gefangenhalten nützt ihnen, nicht das viele Quälen.
Und ob sie Mädchen oder Frau ist,
Sie einschliessen und einsperren ist lächerlich,
Und wenn sie Lust hat, geht sie allein aus
Und geht spazieren, wenn sie will.
Und zu 'ner Hochzeit oder in den Garten[1])
Kann sie sogar allein gehen mit Vertrauen.
Wahrhaftig eine wohlerwogene Rede, und von ihr hat man Gewinn,
Sie belehrt den Menschen besser als ein Buch.

Ad.

Du erzählst es mir immer noch nicht? Was ist der Rede kurzer Sinn?

Am.

Was ist mit dem Mädchen? sie trifft kein Tadel.
Du bist es, dessen Nachlässigkeit so auf sie gewirkt hat.
Handelt einer, Du Armer, in dieser Weise?
Auf, sich selbst, ihr Geschick wird Dir klar werden,
Ob es ihr oder ihrer Schwester besser glückt.

Ad.

Ich verstehe immer noch nicht.

Am.

Ich sage Dir die Wahrheit,
Damit Du Dich beruhigst und Dein Herz sich erholt
Sie ist nicht auf einer Hochzeit, sondern liegt im Haus Noṣērs?

Ad.

Kein leeres Geschwätz, halt Dich zurück!

---

[1]) d. h. in den Ezbekîje-Garten, wo die arab. Militärkapelle spielt.

Am.

436. wallāhi bilᶜēn dī wi dīnī šuftêhā!

fī bētênā kānet henāk maᶜ uḫtêhā,
437. mā kuntê aᶜraf ᶜišːêhā, baᶜdēn dirīt
wi baᶜdê mā ḫarget, anā bišwēš girīt.
438. wi šuftêhā fī bēt Noṣēr daḫlet ːawām
wi bilᵓamāra kānet-iddunjā ẓalām.
439. mantaš meṣaddaː, ːūm maᶜājā, jā ḫarūf,
laglin tisaddaːnī wi bilᵓēn dī tišūf.
440. dī min zamān liḥaḍretuh mešauwaːa
wi-lhā sane kāmla biḥubbuh-mᶜallaːa

Ad.

441. tibːā ẓawāhir ġiššê minhā-u tinṭilī,

in kān ṣaḥiḥ abːā anā rāgil *wilī.
442. danā medallaᶜhā wi hī lissā ṣiġār
wi migtihid fi ḥaẓẓêhā lēl maᶜ nahār.

Am.

443. lammā tišūf bilᶜēn, jibān lak kullê šī[1])

wi tittiḍaḥ kull-ilᵓumūr bilmiftišī.
444. w-anā kamānī, laglī ma-stur ᶜarḍêhā,
ḥaḍḍartê wāḥid lilkitāb jiktib lahā,
445. liᵓannê mā ẓannīšê innak baᶜdê de
tiːbil ᶜalēhā, jā aḫī, wi hī kide.

Ad.

446. ammā anā in ṣaḥḥê mā aḫbartê buh,
ma-ːdaršê agbur ːalbêhā wi agṣibuh.

447. jikfā kalām biġēr nafaᶜ jallah niːūm
min ḫōfi tidri-nnās wi titlamm-illumūm[2]).

---

[1]) statt šē.
[2]) s. DBc.

Am.

Bei Gott, mit diesem Auge, bei meiner Religion, habe ich sie gesehen,
In unserem Hause dort war sie mit ihrer Schwester.
Ich wusste nichts von ihrer Liebe, nachher hab' ich's erfahren,
Und als sie herausgegangen war, lief ich ihr leise nach.
Ich sah sie schnell ins Haus Noṣērs eintreten,
Und zum Beweis[1]), es war schon finster.
Glaubst Du es nicht, brich mit mir auf, Du Hammel,
Damit Du mir glaubst und mit diesem Auge siehst.
Die ist seit langem in den Herrn verliebt
Und ein volles Jahr hängt sie an ihm in Liebe.

Ad.

Das sind allerdings äussere Anzeichen eines Betrugs von ihrer Seite und sie blenden[2]).
Wenn es wahr ist, so bin ich ein Einfaltspinsel.
Ich habe sie verwöhnt, als sie noch klein war,
Und Tag und Nacht war ich für ihr Glück bemüht.

Am.

Wenn Du es mit dem Auge sehen wirst, wird Dir alles offenbar werden.
Und werden Dir alle Dinge in voller Klarheit erscheinen.
Ich hab' sogar, um ihre Ehre zu schützen,
Einen zum Contrakt herbeiholen lassen, damit er ihn ihr schreibe.
Denn ich bin nicht der Ansicht, dass Du nach dem
Sie wieder freundlich aufnimmst, mein Bruder, da sie so ist.

Ad.

Was mich betrifft, wenn das, was Du mir mitteilst, wahr ist,
So kann ich ihr Herz nicht zwingen und gegen ihren Willen nötigen.
Genug der Rede ohne Nutzen, vorwärts lass uns aufbrechen,
Aus Furcht die Leute könnten es erfahren und die Haufen sich sammeln.

---

[1]) Weil auch B. zur Nachtzeit ausgegangen ist.

[2]) s. D. und Sr. sie sind vergoldet und blenden wie vergoldete Dinge.

elmanẓar essābic.

Am. wi Ad. wi-lmw. u. wāḥid mz.

elmw.

448. bac a-smacū, in kān ḥaṣal hena-ttifāc,
mā biddēhāš lā šaušara wa lā ḫināc.
449. entum adīku-tnēn wiciftum fi-lbuġāz
wi kullikum nāwjīn sawā cala-lgawāz.
450. wi-Nṣērē cāl lī caṣṣaḥīḥ wi mā katam
wi-lli-nkatab candī ahō calēh ḫatam,
451. inn-ilwilija-llī bacat fī ḥōzetuh
hīja-lli tiṣlaḥ luh wī tibcā ḥurmetuh.

Ad.

452. wi-lbintē fēn?

elmw.

elbintē gūwā mā tirīd
tuḫrug wa lau *jigargarūhā fi-lḥadīd.

elmanẓar ettāmin.

N. wi-lmw. wi-lmz. wī Am. wī J. wī Ad.

N. jiṭull min-iššibāk wi-jēūl.

453. baca-smacū lī witruku-lcōl wi-lḫināc,
mā tudḫulu-llā bacdē hāza-lcittifāc.
454. wi laglī mā jibcāš kalām wa lā ḥadīt
ana zaijē mā[1]) cāl elmecāwin dā riḍīt.
455. wi-llī jirīd minkum jiwāfic bilcalam
jiktib wi jiḫtim zaijē ġēruh mā ḫatam.[2])
456. mā zā wa illā[3]) mustaḥīl innī afūt
ellī aḥibbuh jōm wa lau innī amūt

Am. li Ad.

457. ammā anā mamnacšē cannak ḥurmetak,
ḫitmak calā da-mmāl wa illa *firmetak!

---

[1]) مُتَفَاعِلن

[2]) زي ما ختم غيره wegen des Reimes umgestellt.

[3]) vulgärarab. Redensart.

Die siebente Scene.

Am., Ad., d. O. und ein St.

D. O.

Hört mich an. Wenn hier Einigung erzielt sein wird,
So braucht die Sache weder Lärm noch Streit.
Ihr beiden da seid in der Enge;[1])
Ihr seid alle zusammen zur Heirat entschlossen.
Noṣēr sagte nur die Wahrheit und verhehlte nichts,
Und was bei mir geschrieben ist, das hat er besiegelt,
Die Frau, die bei ihm[2]) ist,
Ist die, welche ihm passt, und wird seine Gattin.

Ad.

Und wo ist das Mädchen?

D. O.

Das Mädchen ist drinnen, sie will nicht
Herausgehen, und wenn man sie mit Eisenketten zöge.

Die achte Scene.

N., d. O., d. S., Am., I. u. Ad.

N. beugt sich zum Fenster hinaus u. sagt.

Hört mir zu und lasst das Reden und Streiten,
Ihr könnt hier nicht eintreten ausser nach erfolgter Einigung.
Und damit es keine Rede und Besprechung mehr giebt,
So bin ich mit dem, was der Offizier da gesagt hat, zufrieden.
Und wer von Euch mit der Rohrfeder einwilligen will,
Der schreibe und siegele, wie schon ein anderer unterzeichnet hat.
Wenn nicht, so ist es unmöglich, dass ich die verlasse,
Welche ich liebe, nur einen Tag, selbst wenn ich sterben sollte.

Am. zu Ad.

Ich bin es nicht, der Deine Dame von Dir fern hält,
Dein Siegel darauf also oder Deine Unterschrift!

---

[1]) d. h. in eine Schwierigkeit verwickelt.

[2]) eig. in seinem Besitze.

Ad.

458. hījā Budūr ꞉ablā?

Am.

wi mā lak bi-ssuꞔal?
iktib wī iḫtim zaijênā min ġēr ma꞉āl.

N.

459. di-lwa꞉tê aẓhir mā ḫifī wī auḍaḥuh
w-a꞉ūl ꞔala-lꞔism-ilmeḫabbī w-aftaḥuh.
460. hījā Ẓarīfa-lli ꞔaṭet lī ꞉ōlêhā
w-anā ꞔaṭēt ꞉ōlī wī īmānī lahā.

Ad. li Am.

461. ahō-ttaḍaḥ ꞉ōluh ꞔalēhā bilḫilāf.

Am

iktib wī iḫtim wi-nta mā lak, rāḥ tiḫāf?

wi-jꞡūl li N.

462. di-lwa꞉tê, jā maġšūšê, jiẓhar lak gihār
lammā jirūḥ ellēl wi jātīk ennahār,
463. wī tirtifiꞔ ꞔan-ilꞔujūn kull-issutūr
wi-tbanê in kānet Ẓarīfa au Budūr.

elmw.

464. ahō kide ꞉ūmu-ntu litnēn iḫtimū,
jikfā ba꞉ā *tidardišū¹) titkallimū.
465. wi-lbintê baꞔd-ilḫitmê aẓhirhā lukum

wī tiꞔrafūhā, jā gamāꞔa, kullikum.

N.

466. anā riḍīt bi-ššarṭê de.

Am. li Ad.

w-anā kamān,
iḫtim ba꞉ā zaijī wi jikfā kān wi *mān.

Ad.

467. wi-ssirrê dā kān lēhī?

Am.

iḫtim, jā gadaꞔ.
balā tabāt jikfā ba꞉ā balā bidaꞔ!

---

¹) تدردشوا و

Ad.

Erst, ist's Budûr?

Am.

Was hast Du mit dieser Frage?
Schreibe und siegle wie wir, ohne Rede!

N.

Jetzt offenbare ich, was versteckt war, und mache es klar
Und sage den verborgenen Namen und künde ihn.
Es ist Ẓarīfa, welche mir ihr Wort gegeben hat,
Und ich habe mein Wort und meinen Schwur ihr gegeben.

Ad. zu Am.

Da erscheint seine Aussage über sie ganz anders.

Am.

Schreib' und siegle, was ist Dir, fürchtest Du Dich etwa?

Und er sagt zu Noṣēr

Jetzt oh Betrogener, wird es Dir klar erscheinen,
Wenn die Nacht geht und der Tag Dir kommt.
Und jeder Schleier wird von den Augen gehoben,
Und es wird sich zeigen, ob es Ẓarīfa oder Budūr ist.

D. O.

So ist's: Ihr beiden siegelt nun,
Genug geschwatzt habt Ihr und geplaudert.
Und das Mädchen werde ich Euch nach der Unterzeichnung zeigen,
Und Ihr alle werdet sie kennen lernen, oh Versammelte!

N.

Ich bin mit dieser Bedingung zufrieden.

Am. zu Ad.

Und ich auch,
Siegle wie ich, und genug des Hin- u. Herredens.

Ad.

Und das Geheimnis da, warum war es?

Am.

Siegle, mein Junge,
Keine Hartnäckigkeit, genug jetzt, keine List!

Ad.
468. bī:ūl Zarīfa wi-nta bit:ūl lī Budur.
Am.
jib:ā kide zaijī-ṭṭaḥūn nifḍal nidūr?
469. anā riḍīt min ġēr kalām bi-ššarṭê de,
lēh bassê titwa::if kamānī baʕdê de?
Ad.
470. lākin manīš fāhim.
Am.
melīḥ, afahhimak
wi bilḥadīt kulluh a:ūl lak w-aʕlimak.

elmanẓar ettāsiʕ.
tudḫul B. maʕ H. ʕala-lgamāʕa.
B. li Ad.
471. amma-lfaraḥ de muṭla:an mā *lazzinīš
w-umm-ilʕarūsa :āʕida zaijī-lkedīš.
H.
472. mā ḥaddê fi-nniswānê minhum jišbihik
wi-mn-ilḥasad ḥatta-lʕarūsa tikrahik.
Am.
473. je dī Budūr, ammā ʕagāʔib gat min-ēn?
jā haltarā kānet maʕ-alḫaddāme fēn?
Ad. li B.
474. ammā ana-*tġajjartê min afʕālikī,
lākin limīn, jā haltara, rāḥ aštikī?
475. fiḍiltê bilmaʕrūf amāzig wi-lʔadab
wi-ntī tiġimmīnī kidā min ġēr sabab.
476. biddik aḥūš :albī w-aġajjar nījetī

wi-tdīʕī fīkī, jā Budūr, tarbījetī?
477. wi baʕdê mā aṣruf ʕalā šānik ulūf,
jiṣbaḥ biġērī, ja Budūr, :albik *jilūf.
B.
478. eššarrê barrā, šuftê lī ġērak nidīm?

lēh muš anā barḍi ʕala-lʕahd-il:adīm?

Ad.
Er sagt Zarîfa und Du sagst mir Budûr.
Am.
Wollen wir wie eine Mühle uns beständig drehen?
Ich bin zufrieden ohne Widerrede mit der Bedingung da.
Warum zauderst Du danach noch?
Ad.
Aber ich verstehe nicht.
Am.
Vortrefflich, ich werde Dir's begreiflich machen
Und alles Dir erzählen und zu Deiner Kenntnis bringen.

Die neunte Scene.

Budûr tritt mit Ḥusne zu den Versammelten ein.

B. zu Ad.
Die Hochzeit hat mich durchaus nicht amüsiert,
Und die Brautmutter sass da wie eine Mähre.
H.
Keine einzige unter den Frauen dort gleicht Dir,
Und aus Neid hasst Dich sogar die Braut.
Am.
Ha, da ist Budûr, wie merkwürdig, woher kam sie?
Wo war sie wohl mit der Dienerin?
Ad.
Was mich betrifft, so habe ich durch Dein Thun gelitten,
Doch wem soll ich wohl klagen?
Stets wetteiferte ich mit Freundlichkeit u. Takt,
Und Du betrübst mich so ohne Ursache!
Willst Du, dass ich mein Herz zurückhalte und meine Absicht ändere
Und bei dir, oh Budûr, meine Erziehung verloren geht?
Und nachdem ich tausende für Dich verausgabt habe,
Wird Dein Herz, oh Budûr, mit einem andern vertraut?
B.
Das Böse fort! Habe ich mir einen anderen Freund als Dich ersehen?
Weshalb sollt' ich am alten Vertrag nicht halten?

479. aḥlif wi at:aṭṭac w-a:ūl fī dimmeti,

mā ḥaddê luh ġērak makān fī muhgeti.
480. wi-ljōmê, muš bukra, arīd aggauwizak
wi zaijê cēnēja-lmilāḥ acazzizak.

Ad. li Am.

481. ismac kalāmhā, tilti:i-nn-il:ōlê ġēr?

Am. li B.

jib:a-nti mā kuntīš henā fī bēt Noṣēr?
482. muš inti aḥkētī liↄuḥtik candīne,
innik calā di-lḥālê min muddet sane?

B.

483. ēš di-lkalām-ilkidbê mīn luh jistimic?
wi-llī ji:ūluh lī, lisānuh jin:itic!

elmanẓar elcāšir.

Z. wi N. wi B. wi Ad. wi Am. wi-lmw. wi-lmz. wi H. wi J.

Z. li uḥtêhā.

484. ja-ḥtī anā min ḥadretik argu-ssamāḥ,
ahl-issamāḥ, jā baḥtêhum, dōl nās milāḥ.
485. ġilibtê ṣābra wi-lmc:addar dallīnī
bacdēn calā ḥīle cala-llī zallīnī.
486. wi-mliktê aġrāḍī wi canni-lkarbê zāl

wi-bdiltê wiš el:irdê bi-cjūn-ilġazāl.

wi-t:ūl li Am.

487. amma-nta muš lāzim li mislak ictizār,

mā dām jikūn lak min ficālī ictibār
488. wi ḥikmet-ilmaulā lahā ḥa::-*ilwugūb
fī irtibāṭ-innās wi taulīf el:ulūb,

Ich schwöre es und lasse mich zerstückeln und sage es auf mein Gewissen,
Für keinen anderen ausser Dir ist in meinem Herzen Platz.
Und heute, nicht morgen will ich mich mit Dir verheiraten,
Und wie meine schönen Augen liebe ich dich.

Ad. zu Am.

Höre ihre Worte, Du wirst finden, dass die Sache anders liegt.

Am. zu B.

Warst Du denn nicht hier im Hause Noşērs?
Hast Du nicht bei uns Deiner Schwester erzählt,
Dass Du in diesem Zustand seit einem Jahre bist?

B.

Was sind das für lügnerische Reden und wer hört auf sie?
Und wer sie mir sagt, dessen Zunge mög' abgeschnitten werden.

Die zehnte Scene.

Z., N., B., Ad., Am., d. O., d. S., H. u. I.

Z zu ihrer Schwester.

Oh Schwester, ich erbitt' von Dir Verzeihung.
Leute, die verzeihen, Glück für sie, sind gute Menschen.
Ich war's müde geduldig zu warten, und das Schicksal zeigte mir
Dann eine List gegen den, der mich erniedrigte.
Was ich wünschte, habe ich erreicht, und von mir wich der Kummer.
Ich tauschte das Gesicht des Affen gegen die Augen der Gazelle aus.

Und sie sagt zu Am.

Was Dich anlangt, gegen Deines gleichen ist Entschuldigung nicht nötig,
Da Du aus meinem Thun den Schluss ziehen kannst;
Die Weisheit Gottes hat das unbestreitbare Recht
Die Menschen zu verbinden und die Herzen einander vertraut zu machen.

489. w-anā razēt min zēn ṣaḥiḥa innênā
fi-lcēšê ma-nwāfi:šê muṭla: bacḍênā
490. fa :ultê, bi-lзaulā ašuf gērak ba:a
ḥēs elmaciša muš macāna-mwaffa:a.

N. li Am.

491. ammā anā magdi wi faḫri wi-lma:ām
jikūnê min idak lizidi-lзistilām.

Ad. li Am.

492. bi-lluṭfê išrabhā hanijan, jā baṭal
abrad calēk min talgê w-aḥlā min casal,
493. lākinnâ afcālak sabab fi waksetak
wi-lḫōḍê fi-lзacrāḍ sabab fi *caksetak.

494. tistāhil-illi ḫallê bak, jā si Amin,
wa lā tilā:ikê naṣir wa lā mucin.

H.

495. ennadl-ahō barḍuh-n ṣigir wa-llā kibir
ḫallih ji:āsi-zzillê *ijāk jictibir.

B.

496. ṣacbān calējā gursetuh fi di-lbalad,
lakinnâ acmil ēh, ahō salımuh nafad.[1])

J.

497. ahō calēh maktūbê tiṭlac luh :urūn
rāḥ jicmil-ēh lammā ḥakam ṭabcoh ḥarūn?

Am. jifū: min dahšetuh wi-j:ūl.

498. dā mustaḥil inni min-iddahša afū:
wa-llā jicūd ca:li calēja au arū:.

499. man kān jaẓunn inn-il:urūd mistaḥḍara
ticafrat-ilзinsānê fi ṣūret mara?

(Seite 188).

500. āmanti jā rabbi ja:in inn-innisa
*kullak cala-lзiṭlā: ḥigāra-mgabbisa.
501. min kānê jāḫud luh ca:ida min mara,
jacis biṭūl-ilзumrê kulluh macjara.

[1]) نفد —

Ich habe mit richtigem Auge gesehen, dass wir
Im Leben ganz und gar nicht zusammen passen.
Ich sagte, lieber suche ich einen anderen als Dich,
Da das Leben zwischen uns nicht möglich ist.

N. zu Am.

Mein Ruhm, meine Ehre und die Schicklichkeit
Würde es sein, sie von Deiner Hand in meine zu empfangen.

Ad. zu Am.

Trink es in Güte, prosit Held,
Es ist kälter für Dich als Eis und süsser als Honig.
Aber Deine Thaten sind Ursache Deines Schadens
Und das übermässige Sorgen für Ehre Ursache Deiner Niederlage.
Du verdienst, was Dir passiert ist, Herr Amin,
Mögst Du für Dich nicht einen finden, der Dir beisteht oder hilft.

H.

Der Niederträchtige, gleichviel ob er jung, ob alt ist,
Lasst ihn seine Demütigung aushalten, damit er klug wird.

B.

Leid thut mir seine öffentliche Schande in der Stadt,
Aber was soll ich thun? sein Pfeil ist angekommen.

J.

Es stand für ihn geschrieben, dass ihm Hörner wüchsen.
Was wird er nun thun, bei seinem störrischen Charakter?

Am. erwacht aus seiner Bestürzung und sagt.

Das ist unmöglich, dass ich aus der Bestürzung erwache
Oder dass mein Verstand zu mir zurückkehrt oder ich mich beruhige.
Wer, dachte dass die Teufel in der Gestalt von Frauen
Bereit wären mit den Menschen dämonisches Spiel zu treiben?

Ich bin jetzt fest überzeugt, dass die Frauen
Alle insgesammt übertünchter Stein sind.
Wer von einer Frau ein Versprechen annimmt,
Der lebt sein ganzes Leben lang in Schande.

Ad.

502. jikfā baꜥā, jallāh libētī kullikum
wa-llā nigī, ja-Nṣēr, gamīꜥan ꜥandēkum.
503. ḫallūhi fī ḥāluh wi bukra-nḥaḍḍaruh
wi-nzīle min fikruh baꜥa-llī kaddaruh.

H. lilgālisīn.

504. wi-ntū kamān, ellī tikūn buh waswase,
jigī ḥadāna-nꜥallimuh fi-lmadrase.

t a m m.

Ad.

Genug, vorwärts in mein Haus Ihr alle,
Oder wir kommen alle, oh Noṣēr, zu Euch.
Lasst ihn in seinem Zustand, morgen holen wir ihn
Und entfernen aus seinen Gedanken, was ihn betrübt hat.

H. zu den Zuschauern.

Und auch Ihr, wer schlechte Gedanken hat,
Der komme zu uns, wir werden ihn in der „Schule“ belehren.

Ende.

Wörterverzeichnis.

Vs. = Vers.

اذن مَأْذُون der Beamte, welcher mit dem إِذْن zur Heirat beauftragt ist und die standesamtlichen Register für Heirat, Scheidung und Todesfällen führt. s. Sr.

أُسْتيك s. Sr. = كُسْتيك Uhrkette. V. 16.

امر امير Ehrenmann, brav, hochsinnig. s. Sr Vs. 58, 309.

إِيَّاك damit. s. V. Z. L. hoffentlich; vergleiche unter كُلَّك. Vs. 19; 495.

بحبح freilassen, ein Vergnügen bereiten. Vs. 421 b. تبحبح freigelassen werden. Vs. 96.

بُدْرَة Puder. s. Sr. Vs. 18.

برأ مِن بَرِّيه s. Sr. dear me; Redensart um zu sagen „ich bin unschuldig an". Vs. 95.

بَصْطَلِيجَة grosse List. Vs. 312., s. Ṣabbāġ 53, 20.

بِمّ bim, ein Laut. s. V. Z. L.; أُوعَ تَقُول بم s. Sr. hold your tongue. Vs. 65.

بَنْطَلُون Beinkleid. Vs. 13 s. Sr.

بَهْدِلَة grosse Schande. s. D. Be. Vs. 411.

بور بارِ bleiben, übrig bleiben (auch gesagt von der Ware, die man nicht verkauft.) Vs. 307.

تحف II u. IV jem. zufriedenstellen (eig. mit Geschenken). Vs. 421.

تَرْبس zusperren. s. D. Bc. u. Sr. Vs. 399.

تَهْتَه stottern. s. D. Bc. Vs. 201.

ثمن ثُمن achtel; dann Stadtachtel, wie bei uns Stadtviertel; hier Polizeiwache des Stadtviertels.

جرجر s. D. Bc. Vs. 452 ziehen, schleifen.

جرس II in schlechten Ruf bringen. s. D.; Vs. 318.

جرف III viel wagen. s. F. جَرْفٌ temere capere; zwischen Vs. 235 u. 236 i. Brief.

جلى VII s. Sr. froh sein, heiter sein (ursprünglich vom Himmel, der sich aufklärt, dann auf die Person übertragen. Vs. 155.

جمل جَميل Gunst, Anmut وَصَل جَميلك besten Dank (eigentlich Deine Gunst ist angelangt.) Vs. 7.

حبش II sammeln, einstecken; vulg. fest verschliessen. Vs. 240.

حِتَّة s. Sr. Paar, Stück; im Glossar zu Sp. C. حِطّة geschrieben. Vs. 13.

حتن beschneiden, gefügig machen. s. V. Z. L. Vs. 388.

حرف s. Sr. vom Weg abweichen; das Recht verletzen. Vs. 268.

حشم II erröten, auf sich halten.

حِصَّة s. Sr., D. Augenblick. Vs. 205.

حضر حضير Vorzimmer. s. Sr., V. Z. L. Vs. 388.

حُضْن Kuss. s. D. u. Sr. Vs. 360.

حَفْنة Pl. حِفان Handvoll, Masse, Flut v. Thränen. Vs. 372.

حكر VII Vs. 132 zurückgehalten werden.

حكم — بقى s. Sp. G. sein, werden. Vs. 119.

حكى على Vs. 145 über jem. sprechen.

حنت حَنُوتِي Leichenwäscher. s. Sr.; Leichenbesorger von حَانوت Laden, wo die Särge aufbewahrt werden. Vs. 365.

حوش حاش festhalten, zurückhalten. s. Sr.; Vs. 162. 399. 435.

حى ما حَيّ من so oft als. s. Sr. u. V. Z. L. Vs. 90.

خزى VII Vs. 193. se déconcerter. s. D. Bc., verstört sein.

خصّ VIII einem eigen sein, sich um jem. kümmern. Vs. 2.

خفي IV vereiteln. Vs. 287.

خلف خِلاف بخلاف zum Trotz, im Gegensatz. s. D. Bc. u. Sr.; Vs. 290. مشي معانا بالخلاف er hat uns zum Trotz gehandelt.

خون خوّن misstrauen. Vs. 78.

مَخَانَة Geist, Gedanke. Vs. 133.

خِيم vulg. ḫēm s. F. u. Sr. Innere e. Sache, Quintessenz. شرب خيمه er hat sein Inneres erkannt. Vs. 152.

دردش s. D. plappern. Vs. 464.

دغس VII sich einschlagen, sich einhüllen. s. S. Vs. 388.

دقّ ergreifen s. D. Bc. Vs. 399.

دَقْدَق مُدَقْدَق raffiniert s. D., gewandt. Vs. 195.

دكّ Vs 297 (den Pfeil) anlegen.

دمن دُمْنَة plural دُمَن Schlauheit s. V. Z. L. Vs 73

دندش ausschmücken s. Sr. V. 240.

رتب V Vs. 284. geordnet sein, beruhen auf.

رَكّ Hauptsache, d. Wesentliche s. D. Bc. Vs. 137.

روق راق s. beruhigen s. Sr. Vs. 328.

زعق زَعيق Geschrei s. Sr. Vs. 401.

زير زَيّر s. Sr. mit dem إِزار, dem grossen Tuch zum Ausgehen, jem. einhüllen; s. bei D. unter يَزْيَررة. Vs. 385.

سَبْسب d. Haare auf die Stirn kämmen. Vs. 15.

سُتْرَة s. Sr. Rock. Vs. 14.

سخر مَسْخَرة Nutzlosigkeit. Vs. 194.

سَرْحَة s. Sr. u. V. Z. L. d. Umherstreifen. Vs. 101.

شبك VII s. Sr. u. D. Bc. sich hingeben. Vs. 325.

سَنْدرة Hängeboden s. Sr. Vs. 386.

شَضَل unerträglich (von Musikanten bei einem falschen Ton gesagt; nach anderen zerrissen, von den Kleidern gesagt). Vs. 11.

شفر hart tadeln, heruntermachen s. D. Bc. Vs. 300.

شكّ شُكُك auf Credit s. D. Bc. u. Sr. Vs. 16.

شَلَم befleckt (s. D. شلم bestürzt machen.) Vs. 299.

شنب مُشنِب mit Schnurrbart Vs. 112.

شَوْشَرَة Klatsch s. D. Vs. 347.

شيع اشتاع laut m. jem. sprechen. Vs. 297.

ضَحْضَح aus ضعضع s. Sr. in Stücke brechen vergl. V. Z. L. niederdrücken Vs. 406.

طُراش Taubheit Vs. 339 s. D.

طَمان Sicherheit s. D. Vs. 77.

ظربن تظربن empört sein s. D. Be. Vs. 197.

عذل zensiren s. D. عَذول eifersüchtig Vs. 134, 406.

عكر stören II. تعْكير جِتّتِي Vs. 215 Störung meines Körpers, sich verletzt fühlen.

عَكْسة Niederlage Vs. 493; s. D. u. Sr. عكس schädigen.

عَكْنِن betrübt sein s. Sr. Vs. 376; عَكْنِنَة Ärger Vs. 187. 318.

عُماص s. D. Be. u. Sr. Augenbutter Vs. 31.

غرّ غُرور Illusion s. D. Be. Vs. 243.

غلب غَلْبان s. D. besiegt, geärgert. Vs. 360, غلب mit folg. Impf. oder Part. müde sein etw. zu thun. Vs. 8; 67.

غير تغيّر leiden, s. D. sich betrüben. Vs. 474.

فِرْمَة s. Sr. Vs. 457 Firma.

فضّ verlassen. Vs. 126.

فقع IV platzen machen. Vs. 210.

قتل قتيل in Lebensgefahr schwebend; s. D. victime. Vs. 271.

قدم مُقَدّم Vorgeher, Hausmeister s. Text. Vs. 144 مُقَدّمة Gesellschafterin.

قصد V sich auf ein Ziel hin begeben, sich um jem. kümmern. Vs. 407.

قُصْر s. D. Be. u. Sr. Kürze قصر الكلام Kürze der Rede, adverbiell gebraucht für kurz gesagt. Vs. 141.

قطف VII gepflückt, geknickt sein s. D. Vs. 201.

قُلْحِفَة Holzschuh aus Mekka, dort so genannt. Vs. 34.

قنع اقتنع Vs. 321 s. Sr. sich überzeugen lassen.

قنعر s. Sr. sich den Fez tiefer setzen. Vs. 15

قوام قَوَّامَك mit Suffix zum Adverb erstarrt für Masc. u. Fem. ꜥawāmak vgl. كُلَّك s. Sr. Vs. 405.

كبس s. H. überraschen. Vs. 413.

كَخْيَا Ehrendame; Wirtschafterin s. Sr.: Intendant s. D. Bc. Vs. 55.

كسف VII s. Sr. u. D. sich schämen. Vs. 201 u. 384.

كَفّة Pferdebürste. Vs. 24.

كُلَّك ganz und gar كل mit Suff. der 2. Pers. masc. zum Adverb erstarrt und, obwohl die 3. Pers. Subject ist, so gebraucht; analog. إيّاك u. قَوَّامَك. Vs. 500.

لجا IV zwingen; ه مع jem. jemandem unterwürfig machen Vs. 70.

لذّ Vs. 411. s. D. Bc. u. Sr. amüsieren.

لَسْتِكَة s. Sr. Vs. 17 Zugstiefel.

لطّ VII sich stossen. Vs. 103, s. Belot.

لِعْبَة = مَلْعُوب Streich. Vs. 287.

لَقْلَقَة Geschwätz, Klatsch s. Sr. Vs. 342; 394.

لوع لَوَاعَة Täuschung, Trug s. Vs. 175.

لوف لاف vermutlich aus ولف od. الف entstanden, s. Sr. to associate mit jem. vertraut werden. Vs. 477.

لَوَنْدَة s. Sr. Vs. 12 Lawendel.

ماز Vs. 9. beurteilen.

مان كان ومان Itbāꜥ. Hin- und Hergerede. Vs. 466.

مشق VIII s. Sr. malträtiert werden. V. 134.

موضة s. Sr. Vs. 12. Mode.

نانا d. Deutschen „na" entsprechend Ṣabbāġ ٩٨ 5.

نسب VIII zuerteilt werden s. D. Be. u. Sr. Vs. 104.

نَطْع harter Klotz s. D.; ignorant, rude s. Sr. Vs. 130.

نفر نُفُور s. D. Be. Misanthropie. Vs. 10.

نفس مِن نَفْسه الى نَفْسه für sich selbst. Vs. 84.

نِنّ Augapfel s. D. ننى. Vs. 110 s. Sr.

هتّ VII gebrochen sein. V. 266 s. Sr.

وجب حقّ الوُجُوب das naturnotwendige Recht Vs. 488.

ورد وارد Hintergedanke s. D. Vs. 273.

ورط VII compromittiert sein. s. Sr. s. D. تورّط. Vs. 367.

وضب Vs. 210 s. Sr. to arrange, composer.

وعب IV mitteilen. Vs. 188; 391.

وقف توقّف على abhängen s. D. im Brief zwischen Vs. 235 u. 236.

ولّى Simpel, leicht zu täuschen s. D. Be. Vs. 441.

وَهْجة Hitze. Vs. 198.

يَم neben s. D. 213.

Nachtrag.

Der Geburtsort des Dichters ist Cairo; Kafr-eṭṭamāʿīn bezeichnet das Viertel in Cairo, wo jetzt die Moschee Ḥasan und Ḥusēn steht.

Die neuesten Werke des Dichters sind eine Übersetzung von Boileaus art poétique ins Hocharabische und von Corneilles „Le Cid“ und „Les 3 Horaces et les 3 Curiaces“ ins Vulgärarabische.

Das Drama „Esther“ ist noch nicht aufgeführt, weil die Chorgesänge in Musik gesetzt werden sollen; hingegen wurde die „madraset enniswān“ einmal in Cairo und häufiger in Alexandrien aufgeführt. — Die Textverbesserungen Vs. 64a, 157b, 367b sind zu streichen, da die ursprüngliche Lesart richtig ist. Ebenso ist das Sternchen bei nihli Vs. 153b zu streichen.

Die in Cairo erschienenen „Arbaʿa riwajāt“, unter denen sich die „Madraset elʾazwāg“ befindet, können von der Verlagsbuchhandlung von **S. Calvary & Co.** in **Berlin N. W.** bezogen werden.

VITA.

Ich, Moritz Sebastian Sobernheim, bin am 13. August 1872 geboren. Mein Vater war Banquier. Schon im Jahre 1880 wurde er uns durch einen frühen Tod entrissen. Meine Mutter, geborene Magnus, verheiratete sich im Jahre 1883 mit dem Banquier Herrn Eugen Landau, Rittmeister der Landwehrkavallerie. Ich bin im israelitischen Bekenntnis erzogen. Vom Jahre 1879—90 besuchte ich die Vorschule und die Gymnasialklassen des Franz. Gymnasiums zu Berlin, welchem Herr Direktor Schnatter und nach dessen Tode Herr Direktor Schultze vorstand. Im Oktober 1890 bezog ich die Universität München und studierte während 2 Semester vor allem assyrisch. Geschichte hörte ich bei Prf. Friedrich und Prf. Heigel, Bibelexegese und aramäisch bei Prf. Schönfelder, Litteratur bei Prf. Munker und Prf. Carrière und assyrisch bei Prf. Hommel. Von Oktober 1891—93 blieb ich in Berlin, mit Ausnahme des Sommersemesters 1892, wo ich in Wien den Vorlesungen Prf. Dr. H. Müllers und Prf. Wahrmunds folgte. In Berlin studierte ich während dieser 3 Semester und dem Sommersemester 1894 Geschichte der Philosophie bei Prf. Dilthey, arabisch bei Prf. Dieterici, assyrisch bei Prf. Schrader, mittelarabisch bei Prf. Sachau, syrisch bei Prf. Barth und lernte im orientalischen Seminar neuarabisch bei Prf Hartmann und Dr. Moritz, sowie dem Lector Muḥammad efendī Naṣṣār. Im Oktober 1893 reiste ich zu einem 6monatlichen Aufenthalt nach Cairo, um den ägyptischen Dialekt des Neuarabischen näher kennen zu lernen und kehrte im April 1894 nach Berlin zurück, wo ich, wie schon erwähnt, weiter studierte. Im September desselben

Jahres reiste ich nach Syrien, in der Absicht, den nördlichen Teil und vor allem die Nossairier-Schlösser nördlich von Tripolis zu besuchen; dort hoffte ich arabische Inschriften zu finden. Anfang November begab ich mich wiederum nach Cairo, um die kleine Schrift, die ich der hohen phil. Facultät überreicht habe, auszuarbeiten. Im Sommer 1895 besuchte ich die Universität Bonn und hörte philosophische Collegien bei Prf. Bender und Prf. Martius, eine Vorlesung über Horaz bei Geh. Regierungsrat Prf. Bücheler und arabisch und syrisch bei Prf. Prym und las Baidawis Korancommentar bei Dr. Nix. Im Winter-Semester wohnte ich der Vorlesung des Prof. Martius über Spinozas Ethik, den Vorlesungen des Prf. Prym und des Dr. Nix bei.

Meinen teuren Eltern, sowie meinen hier genannten, hochverehrten Lehrern sage ich hier meinen besten Dank.

Thesen.

I.

Der Beweis des Descartes für das Dasein Gottes kann nicht als gelungen angesehen werden.

II.

Berkeley muss wegen seiner Lehre esse = percipi als Vorläufer Kants in seiner Lehre vom Dinge an sich betrachtet werden.

III.

In den Scholien des Ephraem zu Daniel VII (Syr.-Latein. Ausgabe, Rom 1740; Roediger, Chrestomathia Syriaca 3. Aufl. 1892) ist E. II, 214 B. 3; R. p. 55, 13 ܡܕܗܒܐ statt ܕܕܗܒܐ, E. 215, C. 5; R. 56, 24. 25 ܥܡܐ ܐܬܚܙܝ ܗܘ ܐܬܐ, statt ܕܥܡܐ ܐܬܚܙܝ ܗܘ ܐܬܐ und E. 215 D. 4, R. 57, 13 ܥܡ statt ܥܡ zu lesen.

IV.

Schon im Ursemitischen muss die Differenzierung der Vocalisation im Pronomen personale der 3ten Person, und zwar für das Masculinum in *u* und für das Femininum in *i* bestanden haben.

V.

Das talmudische מִין (Sektirer) ist mit dem westaramaeisch-palaestinensischen Worte ܡܝܢܐ Volk, ܡܝ̈ܢܐ Völker, Heiden (Z. D. M. G. XXII, 515) zusammenzustellen.

VI.

Die heutige arabische Orthographie gestattet die Setzung des مَدَّة nur im Anfange des Wortes oder der Silbe.

VII.

Die erste Person sing. des Muḍāriʿ kann auch im ägyptischen Dialecte des Neuarabischen mit *n* beginnen; diese Erscheinung ist durch die vielfältige Einwanderung der Maġrebiner nach Unterägypten zu erklären.

VIII.

Mit Unrecht halten Caussin und Spitta *šuwajje* für eine Diminutivform von شَىْء, es ist vielmehr das altarabische شُوَايَة.

Druck von Max Schmersow vorm. Zahn & Baendel, Kirchhain N.-L.